SAMMLUNG GÖSCHEN BAND 1158/1158a

SANSKRIT-GRAMMATIK

mit sprachvergleichenden Erläuterungen

Von

DR. MANFRED MAYRHOFER

ord. Professor an der Universität des Saarlandes

2., völlig neu bearbeitete Auflage

WALTER DE GRUYTER & CO.

vormals G. J. Göschen'sche Verlagshandlung · J. Guttentag, Verlagsbuchhandlung · Georg Reimer · Karl J. Trübner · Veit & Comp.

Berlin 1965

Archiv-Nr. 7391657 · Satz und Druck: Walter de Gruyter & Co., Berlin 30
Printed in Germany

INHALT

Abkürzungen und Zeichen

Abl., Ab.	= Ablativ
Adj.	= Adjektiv
Adv.	= Adverb
äol.	= äolisch
ahd.	= althochdeutsch
ai.	= altindisch
A(kk).	= Akkusativ
aksl.	= altkirchenslawisch
Akt., akt.	= Aktiv, aktiv
Anm.	= Anmerkung
Aor.	= Aorist
ap.	= altpersisch
aw.	= awestisch
D(at).	= Dativ
ds., dss.	= derselbe, dasselbe
Du.	= Dual
engl.	= englisch
f(em).	= femininum
G(en).	= Genetiv
german.	= germanisch
got.	= gotisch
gr.	= griechisch
hom(er).	= homerisch
idg.	= indogermanisch

Imp.	=	Imperativ
Inf.	=	Infinitiv
I(nstr).	=	Instrumental
Ipf.	=	Imperfekt
Kaus.	=	Kausativ
Komp.	=	Komparativ
Konj.	=	Konjunktiv
lat.	=	lateinisch
Lit.	=	Literatur
L(ok).	=	Lokativ
m.	=	maskulin, masculinum
Med., med.	=	Medium, medial
mi.	=	mittelindisch
n.	=	neutrum
nhd.	=	neuhochdeutsch
N(om).	=	Nominativ
Opt.	=	Optativ
Part.	=	Partizip
Pass.	=	Passiv
Perf.	=	Perfekt
P(ers).	=	Person
Pl(ur).	=	Plural
P. P. P.	=	Partizipium Perfekti Passivi
Präs.	=	Präsens
s.	=	siehe
S.	=	Seite
S(in)g.	=	Singular
slaw.	=	slawisch
Sup.	=	Superlativ
v. a.	=	vor allem
ved.	=	vedisch
vgl.	=	vergleiche
V(ok).	=	Vokativ
Wz.	=	Wurzel

*	= erschlossene, nicht belegte Form
<	= entstanden aus
>	= entwickelt (sich) zu
:	= (in sprachwissenschaftlichen Gleichungen :) verhält sich verwandtschaftlich zu
~	= zu vergleichen mit, zu stellen zu
=	= ist völlig gleichzusetzen

Hochgestelltes ° ist ein Abkürzungsmittel. Hat man z. B. von einem Wortkörper wie *vinihatya* nur den mit der Wurzel beginnenden Teil zu besprechen, so genügt es, bei Wiederholungen platzsparend *°hatya* zu schreiben.

Einleitung

§ 1. Sanskrit — ai. *saṁ-skṛta-* 'zugerüstet, korrekt, für den sakralen Gebrauch gebildet' — wird die klassische Ausprägung des *Altindischen* genannt, die, durch Grammatiker genormt, als Literatur- und Gelehrtensprache bis auf den heutigen Tag verwendbar geblieben ist. Diese Norm ist aus der altindischen Sprachüberlieferung erwachsen, die mit der Hymnensammlung des Rig-Veda beginnt; über die jüngere vedische Literatur, Dichtungen und theologisch-philosophische Texte, zum Epos (§ 4) hinführend, erreicht sie allmählich jene Form, die als 'Sanskrit' fest wird[1]). Der Unterschied zwischen Sanskrit und der älteren vedischen Sprachstufe liegt nicht auf dem Gebiet lautlicher Veränderungen; wohl aber zeigt das Sanskrit den Verlust grammatischer Formen und Kategorien sowie die Einbuße oder veränderte Verwendung eines Teils des Wortschatzes der älteren Sprache.

Zum letzteren s. grundlegend L. Renou, Journal Asiatique 231 (1939) 321ff.; allgemein über die ai. Sprachentwicklung vom Rigveda an: J. Wackernagel—L. Renou, Altindische Grammatik I[2] (1957), Introduction générale, S. 1ff. — In dieser Darstellung wird im Kleindruck auf die wesentlichsten Sonderformen der älteren Sprache eingegangen; vgl. v. a. den vedischen Akzent (§ 32), gesonderte Paradigmen der alten Sprache (§§ 50, 56) und verschwundene Kategorien (§ 85). Eine Probe der älteren Sprache s. u. S. 104.

§ 2. Noch über die reichen Belege des ältesten indischen Literaturwerkes hinaus läßt sich diese Sprache, durch in-

---

[1]) Man findet, v. a. im außerdeutschen Bereich, auch die Verwendung des Namens *Sanskrit* für den gesamten altindischen Sprachzustand. Hier ist also von 'Sanskrit im engeren Sinne' die Rede.

direkte Zeugnisse und mit Hilfe linguistischer Methoden, in frühere Zeiten zurückverfolgen.

a. Aus der Mitte des 2. Jahrtausends v. Chr. sind in keilschriftlichen Texten Vorderasiens, besonders aus dem zeitweise mächtigen hurritischen *Mitanni*-Reich, Relikte einer Sprache erhalten, die vom Altindischen so gut wie nicht verschieden war. Nicht nur Personennamen, die auch im vedischen Namensschatz vorkommen, begegnen dort (wie *Indaruta*, *Šubandu* = ved. *Indrotá-*, *Subandhu-*); nicht nur die Namen der altindischen Götter *Indra*, *Mitra*, *Varuṇa* und der Götterzwillinge *Nāsatyā* erscheinen in dem Vertrag eines Mitanni-Königs; auch eine nicht geringe Zahl von Appellativen läßt sich nachweisen, häufig mit dem hurritischen Element *-nni* oder *-nnu* verbunden: so etwa *marịa-nnu* 'Streitwagenkrieger' (= ved. *márya-* 'Jungmann'), *mani-nnu* 'Halsschmuck' (= ved. *maṇí-* 'Halsschmuck'), *babru-nnu* 'braun' (= ved. *babhrú-* 'braun'), *maka-nni* 'Gabe' (= ved. *maghá-* 'Gabe'), und andere mehr. Wörter also, die wir aus dem Altindischen kennen, sind hier in Texten belegt, die wohl noch einige Jahrhunderte vor dem Einsetzen der altindischen Literatur liegen; deren Beginn kann freilich nicht eindeutig bestimmt werden. Diese Gleichsetzung ist jedoch nur sprachlich, nicht historisch: die Urheber der Sprachreste in Vorderasien waren wohl Absprengsel der Wanderbewegungen, die zur Indogermanisierung Indiens führten; doch können sie nicht direkt mit dieser zu tun haben.

Dazu drei neuere Referate, mit Lit.: M. Mayrhofer, Die Sprache 5 (1959) 77ff.; ds., Zeitschrift der Deutschen Morgenländischen Gesellschaft 111 (1961) 451ff.; R. Hauschild, Über die frühesten Arier im Alten Orient (= Berichte üb. d. Verh. der Sächs. Akad. der Wissenschaften, phil.-hist. Kl., Band 106 Heft 6), Berlin 1962.

b. Weiters ist das Altindische mit den i r a n i s c h e n Sprachen, in alter Zeit repräsentiert durch das Awestische und das Altpersische, so nahe verwandt, daß sich die Konturen eines 'Indo-Iranisch' noch deutlich erkennen lassen, von dem die Hochkultursprachen Altindisch und Altiranisch nur wie zwei engverbundene Dialekte ausgegangen sind. Namen von Göttern[2]) und die Bezeichnung göttlicher Wesen[3]), Ausdrücke des Kultes[4]) und eine Fülle dichtersprachlicher und formelhafter Übereinstimmungen[5]) sind aus dieser Sprach- und Kulturgemeinschaft der indo-iranischen Zeit herzuleiten. Und dieses Indo-Iranisch stellt sich schließlich in den großen Zusammenhang der idg. Sprachfamilie. Denn Sanskrit ist eine indogermanische Sprache; es steht zu Sprachen unseres Kulturkreises wie Latein, Griechisch, Germanisch und Slawisch in einem deutlich erkennbaren, wissenschaftlich fundierten Verwandtschaftsverhältnis. Unsere Grammatik wird im Kleindruck, und ohne Vermengung mit der deskriptiven Darstellung, die augenfälligsten Übereinstimmungen v. a. mit den klassischen Sprachen jeweils mitteilen.

---

[2]) Z. B. ai. *Mitrá-* = aw. *Miϑra-* Gottesname; ai. *Índra-* Gottesname = aw. *Indra-* Name eines Dämons; ai. *Yamá-*, König des Totenreiches, Sohn des *Vívasvant-* = aw. *Yima-*, Sohn des *Vivahvant-*; u. a. m.

[3]) Ai. *ásura-* 'göttlicher Herr' = aw. *ahura-* 'Gott, göttlicher Herr'; ai. *devá-* 'Gott' = aw. *daēva-*, ap. *daiva-* 'Dämon, Götze'; ai. *yajatá-* 'ehrwürdig, Gott' = aw. *yazata-* 'dss.'.

[4]) Wie etwa ai. *yajñá-* 'Gottesverehrung, Opfer' = aw. *yasna-* 'dss.'; ai. *hótar-* 'Priester, Opferer', *hótrā-* 'Opferguß' = aw. *zaotar-*, *zaoϑrā-*.

[5]) Von der Art des vedischen *hṛdā́ . . . mánasā* gegenüber aw. *zərədā-čā manaŋhā-čā* 'nach Herz und Sinn', ved. *mántraṁ takṣ-* und aw. *mąϑrəm taš-* 'einen Zauberspruch zimmern', ved. *víśvā dvéṣāṁsi tar-* und aw. *vīspå ṭbaēšå tar-* 'alle Anfeindungen überwinden', ved. *víśvebhyo yajatébhyaḥ* und aw. *vīspaēibyō yazataēibyō* 'allen Göttlichen', usw. usw. — Dichtersprachliche ererbte Formeln verbinden das Altindische auch mit anderen altindogermanischen Sprachen: so haben ved. *máhi śrávaḥ* 'großer Ruhm', *iṣirá- mánas-* 'kraftvoller Sinn' in den homerischen *μέγα κλέϝος* und *ἱερὸν μένος* ihre genauen Entsprechungen.

Zum Altiranischen: H. Reichelt, Awestisches Elementarbuch, Heidelberg 1909; R. G. Kent, Old Persian, Grammar, Texts, Lexicon, New Haven ²1953; W. Brandenstein—M. Mayrhofer, Handbuch des Altpersischen, Wiesbaden 1964; Chr. Bartholomae, Altiranisches Wörterbuch, Straßburg 1904 (²Berlin 1961); Grundriß der iranischen Philologie, hg. von W. Geiger und E. Kuhn, 2 Bde., Straßburg 1895—1904; Handbuch der Orientalistik (hg. von B. Spuler) I, IV, 1: Iranistik/Linguistik, Leiden 1958. — Zur sprachvergleichenden Behandlung des Ai. und zur Indogermanistik s. das allgemeine Lit.-Verzeichnis u. S. 109f.

§ 3. Auf indischem Boden hat sich die indoarische Sprache fortentwickelt; aus Dialekten des Altindischen sind seit der Mitte des 1. Jahrtausends v. Chr. mehrere Sprachen entstanden, die als mittelindisch zusammengefaßt werden können: Volkssprachen, die uns v. a. in inschriftlichen Aufzeichnungen faßbar sind, wie in den berühmten Inschriften des Kaisers Aśoka, aber auch mittelindische Literatursprachen wie *Pāli*, die Kirchensprache des südlichen Buddhismus, und die *Prākrit*-Sprachen, die in verschiedenartiger literarischer Verwendung erscheinen. Etwa mit dem Beginn unseres Jahrtausends ist der neuindische Zustand erreicht, heute durch über hundert eigene Sprachen und Mundarten repräsentiert, unter denen *Hindī*, die Staatssprache Indiens, *Bengālī*, *Gujarātī*, *Marāṭhī* und die Zigeunersprachen vorab zu nennen sind.

Vgl. zu den mittelindischen Sprachen: J. Bloch, Les inscriptions d'Asoka, Paris 1950; M. A. Mehendale, Historical Grammar of Inscriptional Prakrits, Poona 1948; W. Geiger, Pāli, Literatur und Sprache, Straßburg 1916; R. Pischel, Grammatik der Prakrit-Sprachen, Straßburg 1900. — Zum Neuindischen: J. Bloch, La formation de la langue Marathe, Paris 1920; ds., L'Indo-Aryen du Veda aux temps modernes, Paris 1934; R. L. Turner, A Comparative Dictionary of the Indo-Aryan Languages, London 1962ff.

Für jede tiefere Beschäftigung mit dem Altindischen ist eine Vertrautheit mit dem Mittelindischen unerläßlich. Nicht nur, weil Werke der Sanskritliteratur wie die Dramen (§ 4) Prākrit-Passagen enthalten; auch das Altindische selbst ist von mi. Einflüssen geprägt. Es gibt viele Wörter mi. Herkunft im Sanskrit (wie *bhaṭṭa-* 'Herr' = echt-ai. *bhartar-*; *bhaṭa-* 'Söldner, Knecht' = echt-ai. *bhṛta-* 'gedungen, Söldling, Diener'; *naṭ-* 'tanzen' = echt-ai. *nṛt-*; usw.), ferner indirekte Spuren des Mi. in sogenannten 'Hypersanskritismen', falschen Umsetzungen mittelindischer Formen in die ai. Hochsprache: vgl. *masṛṇa-* 'weich' für prākrit *masiṇa-*, das aber aus ai. *mārtsna-* 'fein zerrieben' stammt; oder *prāgbhāra-* 'geneigt, Bergabhang' für pāli *pabbhāra-* 'dss.', das auf ai. **prahvāra-* zurückzuführen ist.

Neben dem Mi. haben noch die *nichtarischen* Sprachfamilien Indiens, *Dravidisch* und *Munda/Austroasiatisch*, das Ai. stärker beeinflußt: sicher im Wortschatz, vielleicht auch in Einzelheiten von Lautstand und Syntax. So stammen die ai. Wörter *nīra-* 'Wasser' und *mīna-* 'Fisch' aus den gemeindravidischen Wörtern **nīr* und **mīn*, vgl. tamil *nīr* 'Wasser', *mīṉ* 'Fisch'; austroasiatische Sprachgesetze, wonach ein Präfix (*mă-*) zur Ableitung aus einem Grundwort (**taṅg* 'Hand') dient, lassen sich aus ai. *mătaṅga-* 'Elefant' erkennen: wie in ai. *hastin-* 'Elefant' (: *hasta-* 'Hand'), ist auch hier der Elefant als Träger einer '(Rüssel-)Hand' gekennzeichnet. Vgl. über die nichtarischen Einflüsse: M. B. Emeneau, Linguistic Prehistory of India, = Proceedings of the American Philosophical Society 98 (1954) 282ff., mit Lit.; T. Burrow, The Sanskrit Language (London 1955) S. 373ff.

§ 4. Aus Mundarten der archaisch-altindischen Form nach einem halben Jahrtausend des Sprachwandels erwachsen, bleibt Sanskrit neben dem Weiterfluß mittel- und neuindischer Entwicklungen im Gebrauch: natürlich in unterschiedlichen Formen, archaischen und rezenteren, volkstümlicheren (wie im Epos) und brahmanisch-hochsprachlichen, schließlich auch solchen, die deutlich auf mittelindischem Grund aufbauen, wie das Sanskrit der Buddhisten und Jainas[6]). Die Literatur im Sanskrit ist von gewaltigem Umfang. Die *Veden*, die am Anfang des altindischen Schrifttums stehen, sind allerdings noch in der älteren Sprache abgefaßt, und nur ihre jüngsten Teile zeigen eine Sprachform, die dem Sanskrit im engeren Sinne gleichkommt. Der eigentlichen

---

[6]) Über die geschichtlichen Schicksale und einzelnen Ausprägungen des Sanskrit vgl. das Werkchen von L. Renou, Histoire de la langue Sanskrite, Lyon-Paris 1956.

Sanskritliteratur sind vorab die beiden großen Epen zuzurechnen: das riesige, über 100000 Doppelverse umfassende *Mahābhārata* — dem als eigenständige Teile einige der berühmtesten Stücke der altindischen Dichtung angehören, wie das Lied von *Nala* und *Damayantī*, die Sage von der Sintflut, oder das philosophische Lehrgedicht *Bhagavadgītā* — und das Epos vom Leben des Helden Rāma, das *Rāmāyaṇa*; die metrisch abgefaßten Sagensammlungen der *Purāṇas* stehen der alten Epik nahe. Zeitlich sicherer festzulegen als die alten Epen, deren Kern in die vorchristliche Zeit zurückreicht, sind die Kunstepen (*Kāvya*), die namentlich an den Fürstenhöfen der ersten nachchristlichen Jahrhunderte geschaffen und gepflegt wurden; *Kālidāsa*, wohl der größte altindische Dichter, ist hier als Verfasser zweier epischer Dichtungen zu nennen: des *Raghuvaṁśa*, der Geschichte von Raghus Geschlecht, und des *Kumārasambhava*, der Vorgeschichte von Kumāras, d. i. des Kriegsgottes Skanda, Geburt.

Vor allem aber ist Kālidāsa der bedeutendste Dramen-Dichter der Sanskritliteratur. Sein Schauspiel '*Śakuntalā*', von Goethe gefeiert und als Vorbild für das 'Vorspiel auf dem Theater' im 'Faust' benützt, in Europa mehrfach übersetzt und aufgeführt, gehört der Weltliteratur an. Im altindischen Drama wechselt das Sanskrit je nach dem Stand der auftretenden Personen mit verschiedenen Prākritsprachen (§ 3) ab.

Auch die lyrische Dichtung im Sanskrit verdankt Kālidāsa einige ihrer schönsten Schöpfungen, so den wundervollen 'Wolkenboten', *Meghadūta*. Die Dichter kürzerer Liebes- und Weisheitsstrophen, *Amaru* und *Bhartṛhari*, gelten als die bekanntesten Lyriker Altindiens. Spruchgedichte sind aber auch in der reichen Erzählungsliteratur eingestreut. Die Fabel- und Märchensammlung des *Pañcatantra* hat wie kein anderes Werk in die Weltliteratur gewirkt: über zweihundert Versionen in mehr als einem halben Hundert Sprachen liegen von ihm vor. Andere Erzählwerke, wie die 'siebzig Erzählungen des Papageis' (*Śukasaptati*) oder die 'fünfundzwanzig Erzählungen des Leichendämons' (*Vetālapañcaviṁśatikā*), zeigen ebenfalls den Wechsel von gebundener und ungebundener Rede und die Verwendung von Rahmenerzählungen, wie sie uns aus dem Märchenbuch von Tausendundeiner Nacht vertraut ist.

Sanskrit ist schließlich die Sprache einer umfangreichen, meist in metrischer Form abgefaßten wissenschaftlichen Literatur: Recht und Sitte, Politik, Geschichtsschreibung und Medizin, Astronomie und Astrologie, Philosophie, Liebeswissenschaft, Grammatik und Lexikographie sind in oft berühmten Sanskritwerken behandelt worden.

M. Winternitz, Geschichte der indischen Litteratur, 3 Bde., Leipzig 1908—1920 (Bd. 1—2 engl. Calcutta 1927—1933); A. Thumb—R. Hauschild, Handbuch des Sanskrit I 1 (Heidelberg 1958), S. 127—168; H. v. Glasenapp, Die Literaturen Indiens², Stuttgart 1961.

Grammatik

A. Lautlehre

§ 5. In der phonetisch geordneten Folge des Nāgarī-Alphabets (§ 6) kommt dem Sanskrit folgender Lautstand zu:

Die Vokale (Sonanten)

a	i	u	ṛ	ḷ
ā	ī	ū	ṝ	

Über *ṛ*, *ṝ*, *ḷ* s. § 7.

Die Diphthonge

e	o
ai	au

Die im Sanskrit als *ē*, *ō* gesprochenen, in der üblichen Transkription aber nicht mit Längezeichen versehenen *e*, *o* werden von den Indern als 'Diphthonge' bezeichnet; der historisch (§ 14) diphthongische Charakter dieser Laute hat sich ihnen durch innersprachliche Beobachtungen erwiesen (z. B. Wechsel im Sandhi [§ 33] und in der Wortbildung mit *-ay-*, *-av-*, bzw. Zusammensetzung aus *-a i-*, *-a u-*; Analogie von *-i-* *-e-* *-ai-* usw. zu *-ṛ-* *-ar-* *-ār-* in der 'Steigerung' [§ 35]). — *ai*, *au* sind ihrer Herkunft nach Langdiphthonge (§ 15), werden aber im Sanskrit normaldiphthongisch ausgesprochen.

Die Konsonanten

Gutturale	k	kh	g	gh	ṅ
Palatale	c	ch	j	jh	ñ
Cerebrale	ṭ	ṭh	ḍ	ḍh	ṇ
Dentale	t	th	d	dh	n
Labiale	p	ph	b	bh	m
Halbvokale		y	v		
Liquiden		r	l		
Zischlaute	ś	ṣ	s		
Hauchlaut		h			

dazu: *Visarga* (ḥ), *Anusvāra* (ṁ) und der seltene *Anunāsika* (m̐).

Die Tenues (*k*, *c* usw.), Tenues aspiratae (*kh*, *ch*) und die drei Zischlaute (*ś*, *ṣ*, *s*) gelten als *tonlose*, alle übrigen (mit Einschluß der Vokale, Sonanten und Diphthonge) als *tönende* Laute.

§ 6. Das schriftliche Medium, in dem Sanskrittexte üblicherweise niedergelegt sind, ist die Nāgarī, eine rechtsläufige Schrift. Sie hat folgende Vokal- und Diphthongzeichen:

अ a	इ i	उ u	ऋ ṛ	ऌ ḷ	ए e	ओ o
आ ā	ई ī	ऊ ū	ॠ ṝ		ऐ ai	औ au

Für die Konsonanten finden wir die Buchstaben:

Gutturale:	क ka,	ख kha,	ग ga,	घ gha,	ङ ṅa.
Palatale:	च ca,	छ cha,	ज ja,	झ jha,	ञ ña.
Cerebrale:	ट ṭa,	ठ ṭha,	ड ḍa,	ढ ḍha,	ण ṇa.

Dentale:	त ta,	थ tha,	द da,	ध dha,	न na.
Labiale:	प pa,	फ pha,	ब ba,	भ bha,	म ma.
Halbvokale: und Liquiden:	य ya,	र ra,	ल la,	व va.	
Zischlaute:	श śa,		ष ṣa,		स sa.
Hauchlaut:	ह ha.				

Der Visarga *-ḥ* wird durch ः der Anusvāra *ṁ* durch einen hochgestellten Punkt (कं = *kaṁ*) ausgedrückt.

Durch folgendes System werden diese Zeichen zur Wiedergabe altindischer Wörter verwendet:

Alleinstehende Vokal- oder Diphthongzeichen stehen, von wenigen Ausnahmen abgesehen, nur am Wortanfang (अ *a-*).

Die Konsonantenzeichen enthalten primär *-a-*; sollen sie mit einem anderen Vokal versehen werden, so geschieht dies durch ein Zusatzzeichen, d. h. ursprüngliches क *ka* wird durch ा zu का *kā*, ähnlich zu कि *ki*, की *kī*, कु *ku*, कू *kū*, कृ *kṛ*, कॄ *kṝ*, कॢ *kḷ*, के *ke*, कै *kai*, को *ko*, कौ *kau*.

Vokallosigkeit wird durch ् (*Virāma*) ausgedrückt: क् *k*.

Konsonantengruppen werden durch 'Ligaturen', d. i. durch Verschlingungen der einzelnen Zeichen wiedergegeben. Beispiele: त्प tpa, स्म sma, ग्ध्व gdhva, aus *ta* + *pa*, *sa* + *ma*, *ga* + *dha* + *va* zusammengesetzt.

Durch Kombination der Grundzeichen mit den Zusatzzeichen und Ligaturen lassen sich Wörter von altindischer Struktur auf recht glückliche Weise in dieser syllabischen Schreibung wiedergeben. Beispiele: सागर *sā-ga-ra* 'Meer'; सुहृद् *su-hṛ-d* 'Freund' (= *sa* mit Zusatzzeichen für *-u-*, *ha* mit Zusatzzeichen *-ṛ-*, *da* mit Virāma); शब्द् *śa-bda* 'Lärm' (*bda* Ligatur aus *ba* + *da*).

In unserer mehr sprachwissenschaftlich orientierten Darstellung wird das Sanskrit nicht in Nāgarī, sondern in Transkription vorgelegt.

§ 7. Zur Aussprache:

1. Kurzes *a* hatte je nach der lautlichen Umgebung verschiedene Färbungen; sein häufigster Klangcharakter war der von engl. *u* in *but*.

2. *ṛ*, *ṝ* und *ḷ* sind silbentragende Liquiden wie in manchen slawischen Sprachen, vgl. serbokroat. *Sr̀b* 'Serbe', tschech. *vlk* 'Wolf'. Die schon aus alter Zeit stammende Aussprache von *ṛ* mit einem *i*-Nachklang erklärt ältere Transkriptionen (*ṛi*, *ṛî*) und die populäre Umschrift *ri*, wie in *Sanskrit* (*saṁskṛta-*, § 1), *Rigveda* (*ṛg-*) u. dgl.

3. *e* und *o* sind Längen: vgl. § 5.

4. Die Tenues und Mediae aspiratae (*kh*, *gh* usw.) sind wie die entsprechenden Tenues oder Mediae, aber mit einem unmittelbar nachstürzenden Hauch, zu artikulieren.

5. Die Palatale (*c*, *ch*, *j*, *jh*) werden im Westen meist als Affrikaten ausgesprochen, *c* wie nhd. *tsch* (*klatschen*), *j* wie engl. *j* (*just*); auf dieser Aussprache beruhen populäre Umschriften von Sanskritwörtern wie *Pantschatantra*, *Maharadscha*. Sie ist jedoch nicht richtig: die altindischen *c*, *j* waren palatale, also am Gaumen artikulierte Verschlußlaute.

Die Nasale haben jeweils die Artikulation der Verschlußlautreihe, zu der sie gestellt sind; so ist *ṅ* guttural (vgl. etwa nhd. *Engel*), *ñ* palatal (5), *ṇ* cerebral (6).

6. Die Cerebrale — der Name übersetzt ai. *mūrdhanya-*, zu *mūrdhan-* n. 'Kopf' und 'oberes Gaumendach' — sind 'retroflexe' Laute, bei deren Artikulation die Zungenspitze zum Gaumendach hin umgebogen wird. Die Aussprache von engl. *t*, *d* (in *too*, *done* u. dgl.) kommt ihnen nahe.

7. *ś* ist ein palatal, also vorne am Gaumen, gesprochener, stimmloser Zischlaut; nhd. *sch* in heller Umgebung, z. B. in *mischen*, hat vergleichbaren Klang. *ṣ* ist ein *š*-Laut mit retroflexer (6) Zungenstellung, *s* ein stimmloses dentales *s*.

8. *h* ist stimmhafter, *-ḥ* (Visarga) stimmloser Hauchlaut.

Die heutige Brahmanen-Aussprache läßt dem Visarga in Pausa einen leichten Nachklang des ihm vorausgehenden Vokals folgen: *agniḥ* = *agnih*^{i}, *devāḥ* = *devāh*^{a}.

9. Der Anusvāra bezeichnet vor Zischlauten, *l* und *h* die Nasalierung des Vokals, hinter dem er steht; vergleichbar den nasalierten Vokalen des Französischen (in *on*, *cent*, *gens* usw.). In anderer Umgebung ist er meist als (in der Nationalschrift, § 6) abkürzende Schreibung für einen Vollnasal anzusehen: *phalaṁ bharati*, *saṁbharati* sind mit [-*mbh*-] zu sprechen.

Vgl., außer den Aussprache-Kapiteln der Handbücher des Altindischen (S. 109), die Monographie von W. S. Allen, Phonetics in Ancient India, London Oriental Series Vol. I, 1953, sowie S. K. Chatterji, The Pronounciation of Sanskrit, in: Indian Linguistics 21 (1960) 61—82.

Herkunft der altindischen Laute:

§ 8. Das *a* des Sanskrit[7]) hat mehrfachen Ursprung: Es entspricht idg. (= lat. und gr.) *a*, *e*, *o*, ferner *m̥* (= lat. *em*, gr. *α*, german. *um*) und *n̥* (= lat. *en*, gr. *α*, german. *un*):

a = *a* : ai. *ájra*- m. 'Fläche' = gr. *ἀγρός* 'Feld, *Acker*', lat. *ager*;
a = *e* : ai. *ásti* 'ist' = lat. *est*;
a = *o* : ai. *páti*- m. 'Herr' = gr. *πόσις* 'Gatte';
a = *m̥* : ai. *śatám* 'hundert' = gr. *ἑ-κατόν*, lat. *centum*, got. *hund*;
a = *n̥* : ai. *matí*- f. 'Denken' = lat. *mens*, *mentis*, got. *ga-munds* 'Andenken', vgl. gr. *αὐτό-ματος*.

§ 9. Analog dazu ist ai. *ā* auf idg. (= lat.-gr.) *ā*, *ē*, *ō* zurückzuführen, sowie auf die 'schwere' Form des silbischen Nasals, *n̥ə̥* (= lat. *nā*, german. *un*):

ā = *ā* : ai. *bhrā́tar*- m. 'Bruder' = lat. *frāter*;
ā = *ē* : ai. *rā́j*- m. 'König' = lat. *rēx*, *rēg-is*;
ā = *ō* : ai. *vā́c*- f. 'Rede, Stimme' = lat. *vōx*, *vōc-is*;
ā = *n̥ə̥* : ai. *jātá*- 'geboren' = lat. (*g*)*nātus*, got. -*kunds* 'abstammend von'.

---

[7]) Da im Lautgeschichtlichen kein Unterschied zwischen dem Sanskrit und der älteren Sprache besteht (§ 1), tragen wir kein Bedenken, die Beispiele aus dem Gesamtbereich des Ai. zu wählen und, wie in der Sprachvergleichung üblich, die nur der älteren Sprache angehörigen Akzentstellen (§ 32) zu bezeichnen.

Ai. *ā* aus *m̥ə̯* ist hingegen nicht zu sichern. Vielleicht hat dies vielmehr zu ai. *ām* geführt.

Ai. *ā* stammt ferner wohl aus idg. kurzem *o*, wenn dieses in offener Silbe stand und von *r*, *l*, *m* oder *n* gefolgt war. Dieses Lautgesetz erklärt einige wichtige Unterschiede in der Formenlehre des Sanskrit, etwa bei den *r*- und *n*-Stämmen *dātā́ram* (= gr. *δώτορα*) gegenüber *pitáram* (= gr. *πατέρα*), *áśmānam* (= gr. *ἄκμονα*) gegenüber *-hán-am* (< **gʷhen-m̥*), s. §§ 52, 53, 65; oder die — als Typus analogisch ausgebreitete — Länge des Wurzelvokals im Perfekt, ai. *cakā́ra*, s. § 123. Dies '*Brugmannsche Gesetz in der Kleinhans'schen Formulierung*' läßt sich in Verbindung mit der Einsicht halten, daß *-o-* keiner offenen Silbe angehörte, wenn hinter dem ihm folgenden Konsonanten *ə̯* (§ 11, 1) stand, wie es bei Seṭ-Wurzeln (§ 37) zu erwarten ist. So haben wir bei den Verben der 10. Klasse (§ 83) und Kausativen (§ 129) mit *o*-Vokalismus der Wurzelsilbe (Typus lat. *doceō*, gr. *φοβέω*) als ursprüngliche Verteilung anzusetzen: *mārā́yati* 'läßt sterben' < **mo/rei̯-*, Wz. **mer-* (: ai. *mr̥-tá-* 'tot'), aber *janáyati* 'zeugt, gebiert' < **ǵon/ə̯ei̯-*, Wz. **ǵenə-* (> ai. *jáni-man-*, *jani-tár-*). — Vgl. die Lit. bei Wackernagel—Debrunner, Altind. Gramm. I² (1957) Nachtr. S. 8, und Kuiper, Lingua 8 (1959) 436f.

§ 10. Ai. *ĭ* und *ŭ* entstammen den idg. *ĭ* und *ŭ*:

i = *i* : ai. *-cit* 'auch' = lat. *-quid* (s. § 18);

ī = *ī* : ai. *pī́van-* 'fett' = gr. *πί̄ων*;

u = *u* : ai. *rudhirá-* 'rot' ~ gr. *ἐ-ρυθρός*, lat. *ruber*;

ū = *ū* : ai. *dhūmá-* m. 'Rauch' = lat. *fūmus*.

Vgl. noch § 11 und 13.

§ 11. Ai. *i* (mitunter auch *ī*) hat daneben noch einen anderen Ursprung. Wenn es einem *a* der westlichen Sprachen entspricht, stammt es aus idg. 'Schwa' (*ə*), einem Vokal von unbestimmter Klangfarbe.

Beispiele für *ĭ* < *ə* : ai. *pitár-* m. 'Vater' = gr. *πατήρ*, lat. *pater*, nhd. *Vater*;
ai. *-nī-té*, 3. sg. med. der 9. Klasse (§ 106) = gr. *-να-ται*.

Idg. *ə*, als Schwundstufe ursprünglicher Langvokale (§ 37) im System zutiefst verankert, zeigte noch zwei Eigenschaften, die durch das Verhalten des Altindischen und Indoiranischen zwingend gefordert werden:

1. Es erscheint auch unsilbisch (*ə̯*); seine phonetische Festlegung als 'Laryngal' ist freilich nicht zu sichern, und die Gleichsetzung von *ə*, *ə̯* mit dem *ḫ* des Hethitischen hat sich am Material nicht schlackenlos beweisen lassen. Intervokalisches *-ə̯-* bewirkte Hiat:

Ai. *rayíḥ* (**ra-ís*) < **reə̯-i-s*, aber Gen. sg. **reə-i̯-és* > **rē-i̯-és* > ai. *rāyáḥ*, u. § 56.

2. Unmittelbar an einen Verschlußlaut getretenes *-ə̯-* bewirkte dessen Behauchung (also *tə̯* > *th*): Idg. **pónt-eə-s* 'Pfad' ergab indo-iran. **pántās*, der Gen. sg. **pn̥t-ə̯-és* aber **pn̥thés*, indo-iran. **pathás*; diese Flexion ist in aw. *pantå*, Gen. sg. *paϑō* noch bewahrt. Ai. *pánthāḥ*, *patháḥ* (§ 66) zeigt verständlichen Formenausgleich mit Durchführung von *-th-*.

Vgl. noch §§ 9, 13.

§ 12. Den ai. *r̥*, *l̥* entsprechen in slawischen Sprachen noch silbische Liquiden; die übrigen hier verglichenen Sprachen bieten für idg. *r̥*, *l̥* Gruppen aus Vokal und Liquida, nämlich gr. *αρ/ρα* und *αλ/λα*, lat. *or*, *ol*, german. *ur*, *ul*:

ai. *dhr̥ṣṇú-* 'kühn' ~ gr. *θρασύς*;
ai. *bhr̥-* 'tragen', vgl. lat. *fors* 'Zufall', nhd. *Ge-burt*;
ai. *śŕ̥ṅga-* n. 'Horn' ~ lat. *cornu*;
ai. *pr̥thú-* 'breit' = gr. *πλατύς*;
ai. *vŕ̥ka-* m. 'Wolf' = tschech. *vlk*, got. *wulfs*.

Wie bei konsonantischem *r*, *l* (§ 23), ist also auch in ai. *r̥* idg. *l̥* neben *r̥* eingeflossen. Ai. *-l̥-* kommt nur in *kl̥p-* 'sich fügen, ordnen' vor, dessen etymologische Zuordnung nicht ganz klar ist.

Ai. *r̥̄* ist durch die Nachahmung von Quantitätsverhältnissen bei vergleichbaren grammatischen Kategorien entstanden. So hatte das Verhältnis *agníbhiḥ* : *agnín* : *agnīnā́m* (§ 43), *śátrubhiḥ* : *śátrūn* : *śátrūṇām* (§ 48) usw. zur Folge, daß zu *pitŕ̥bhiḥ* 'mit den Vätern' der Akk. pl. *pitr̥̄́n*, Gen. pl. *pitr̥̄ṇā́m* gebildet wurde (§ 53).

§ 13. Trat idg. *r̥*, *l̥* vor Vokal, so entstand dafür ai. *ir* oder *ur*:
ai. *girí-* m. 'Berg' < **gu̯r̥-í-*, aw. *gaⁱri-*, vgl. aksl. *gora*;
ai. *gurú-* 'schwer' < **gu̯r̥-ú-*, gr. *βαρύς*.

Auch 'schwere' idg. *r̥ə̯*, *l̥ə̯* kamen vor, im Ai. durch *īr*, *ūr* vertreten:

ai. *dīrghá-* 'lang' < **dl̥ə̯-ghó-*, aw. *darᵊγa-*, vgl. gr. *δολιχός*;
ai. *pūrṇá-* 'voll' < **pl̥ə̯-nó-*, vgl. lat. *plēnus*.

Hier liegt also eine weitere Quelle von ai. *ĭ̆*, *ŭ̆* (§ 10).

Die Regel, daß -ə̥- zwischen Vokalen bzw. Sonanten schwindet (§ 11, 1), vor Konsonanten aber in seiner Wirkung erhalten bleibt, zeigt sich in diesem Zusammenhange wieder deutlich:

idg. **pl̥ə̥ú-* 'viel' (: Wz. **pelə-* > ai. *párī-ṇas-* 'Fülle') > ai. *purú-*, mit dem Verhalten von einfachem vorvokalischem -*l̥*- infolge des -ə̥-Schwundes; aber Femininum **pl̥ə̥-u̯í-* > ai. *pūrvī́-*, mit -*ūr*- aus -*l̥ə̥*-. S. auch § 59.

§ 14. Die 'Diphthonge' *e* und *o*, noch inner-indisch als Zusammensetzungen aus *a* + *i*, *a* + *u* erkennbar (§ 5) und zu Anfang der ai. Sprachgeschichte wohl noch [*ai*], [*au*] gesprochen, gehen zunächst auf *ai*, *au* (aw. *aē*, *ao*, ap. *ai*, *au*) zurück, die weiter — entsprechend der Herkunft von *a* aus idg. *a*, *e*, *o* (§ 8) — den idg. Diphthongen *ai*, *ei*, *oi* bzw. *au*, *eu*, *ou* entstammen.

e = *ai* : ai. *édha-* m. 'Brennholz', vgl. gr. *αἴθω* 'entflamme';
e = *ei* : ai. *éti* 'geht' = gr. *εἶσι*, lat. *it*;
e = *oi* : ai. *véda* 'weiß' = gr. *οἶδα*, got. *wait*;
o = *au* : ai. *ójas-* n. 'Kraft', vgl. lat. *augustus* 'erhaben';
o = *eu* : ai. *śrómata-* n. 'Erhörung', vgl. ahd. *hliumunt* 'Leumund';
o = *ou* : ai. *loká-* m. 'freier Raum' = altlat. *louco-*, lat. *lūcus* 'Wald'.

Ai. *e* und *o* stammen außerdem aus **az*, was für die Deutung der Formenlehre mitunter von Belang ist, s. §§ 30, 1; 33, 12; 60; 66; 88; 98; 124.

§ 15. Ai. *ai*, *au* (§ 5) gehen auf die idg. Diphthonge mit Langvokal als Vorderglied, *āi*, *ēi*, *ōi* bzw. *āu*, *ēu*, *ōu* zurück; vgl. z. B. die Dat.-sg.-Endung der *ā*- und *ī*-Stämme, -(*āy*)*ai*, -(*y*)*ai* (§ 40, 50), = gr. (*χώρ*)*ᾳ* < -*āi*; oder *gáuḥ* m. f. 'Rind' = gr. *βοῦς*, **gᵘ̯ōu-s*. Wichtig ist die Erscheinung, daß der zweite Teil von Langdiphthongen verlorengehen kann, vgl. ai. Akk. sg. *gā́m* (§ 54), gr. homer. *βῶν*, lat. *bō-s*, idg. **gᵘ̯ō(u)-*.

§ 16. Die Verschlußlaute der gutturalen Reihe, *k*, *kh*, *g*, *gh*, gehen auf zwei idg. Konsonantentypen zurück: auf idg. velare *k*-Laute, denen auch im Lat.-Gr. *k* (gr. *κ*, lat. *c*), *g* u. dgl. entsprechen; und andererseits auf die 'Labiovelaren' wie *qᵘ̯* (lat. *qu*, gr. *π*, *τ*, *κ*), *gᵘ̯*, usf. Vgl.:

k = *k* : ai. *kravíṣ-* n. 'rohes Fleisch' = gr. *κρέας*, vgl. lat. *cruor*;
k = *qᵘ̯* : ai. *ka-* Fragepronomen (§ 78/2) = lat. *quo-d*, gr. *πό-θεν*, got. *ƕa-s* 'wer';

g[8]) = *g* : ai. *yugá-* n. 'Joch' = gr. *ζυγόν*, lat. *iugum*;
g = g^{u} : ai. *gáti-* f. 'Bewegung' = gr. *βάσις* 'Schritt', nhd. (*An-*)*kunft*;
gh = *gh* : ai. *dīrghá-* 'lang' ∼ gr. *δολιχός*;
gh = $g^{u}h$ (gr. *φ*, *ϑ*, *χ*, lat. *f-*, *-gu-*, *-v-*, usw.) : ai. *gharmá-* m. 'Glut', vgl. lat. *formus* 'warm', gr. *ϑερμός*.

§ 17. Ai. *ṅ* ist — ebenso wie *ñ* — meist nur phonetische Variante des Phonems *n* in der Umgebung von Gutturalen bzw. Palatalen; auslautendes *-ṅ* (in *prā́ṅ* usw. § 64) ist phonemisch und stammt aus älteren Gruppen wie **-ṅk(s)*, § 33, 7.

§ 18. Die Palatale *c* und *j* gehen einerseits auf die nämlichen idg. Konsonanten zurück wie *k* und *g*, wenn jene vor idg. hellen Vokalen (*e*, *i*) standen: idg. $*q^{u}e$ 'und' (lat. *-que*) wurde zu **ke* (§ 16), weiter zu **ḱe*, ai. *ca* 'und'. Die Palatisierung ist also älter als der Wandel *e* > *a*, da sie *-e-* noch voraussetzt; sie beweist unumstößlich, daß der lat.-gr. Vokalbestand *a* / *e* / *o* ursprünglicher ist als das ai. *a* (§ 8). — Ähnlich $*q^{u}id$ (lat. *-quid*) > **kid* > ai. *cit* (§ 10); $*g^{u}īu̯o-$ 'lebendig' (lat. *vīvus*) > **gīu̯o-* > ai. *jīvá-* 'lebendig'.

Ai. *j* geht daneben auf idg. 'palatales' *ǵ* zurück (lat.-gr. *g*, aber slaw. *z*, s. § 24), vgl. *jñā-* 'kennen' = gr. *γι-γνώ-σκω*, lat. *gnō-scō*, *nōscō*, aksl. *zna-ti* 'kennen'.

Wichtig ist die Herkunft von ai. *ch-*, inlautend *-cch-* aus idg. *sḱ*, vgl. ai. *chāyā́-* f. 'Schatten' ∼ gr. *σκιά*; ai. *gácchati* 'kommt', *pṛccháti* 'fragt' gegenüber gr. (*ἐπι-*)*βάσκω*, bzw. lat. *poscō* 'fordere', ahd. *forscōn* 'forschen': der häufige Präsenstypus auf *°cchati* (§ 83) entspricht also den *sk*-Verben der westlichen Sprachen.

Ai. *jh* ist sehr selten und nicht echt-altindischen Ursprungs. Über *ñ* s. § 17.

§ 19. Die cerebralen Verschlußlaute stehen einerseits in Wörtern mittelindischen Ursprungs (wie *naṭ-*, *bhaṭṭa-*, § 3) und solchen nichtarischer Herkunft; andererseits sind sie in ai. Lautgruppen gesetzlich entstanden: so ergab die Verbindung von *ṣ* oder der

---

[8]) Das sehr komplexe Problem der Tenues aspiratae (ai. *kh*, *th* usw.) wird hier aus didaktischen Gründen nicht berührt; neben den problematischen idg. Tenues aspiratae sind Fälle wie *tə̯* (§ 11, 2), Mittelindisches und Unarisches (§ 3), Beispiele expressiver Lautgebung u. a. m. in dieses eine Phänomen zusammengeflossen. Vgl. jetzt R. Hiersche, Untersuchungen zur Frage der Tenues aspiratae im Indogermanischen, Wiesbaden 1964.

Vorstufe von *ś* (§ 24) mit *t* ai. *-ṣṭ-*; die *-ta*-Partizipia (§ 135) von *vṛṣ-* 'regnen', *dṛś-* 'sehen' lauten *vṛṣ-ṭá-*, *dṛṣ-ṭá-*. Ebenso entsteht, im stimmhaften Bereich, aus idg. **nizdó-* 'Nest' (lat. *nīdus*, nhd. *Nest*), **mizdhó-* 'Preis, Lohn' (gr. μισθός, vgl. got. *mizdō*) über **niẓḍá-*, **miẓḍhá-* (mit *s* [bzw. seiner stimmhaften Variante *z*] zu *ṣ* [*ẓ*] nach *i*, § 25) im Altindischen *nīḍá-* 'Nest', *mīḍhá-* 'Preis', mit Schwund von **ẓ* und Ersatzdehnung. Ebenso **-źd-* zu *-ẓḍ-*, s. die Fälle in § 30, 1.

§ 20. Ai. *-ṇ-* entstand aus ursprünglichem *-n-*, wenn diesem *ṛ*, *ṝ*, *r* oder *ṣ* unmittelbar oder mittelbar vorausging (außer wenn ein Palatal, Cerebral oder Dental zwischen ihnen stand) und wenn es durch einen Vokal oder *n*, *m*, *y*, *v*, gefolgt war: vgl. Instr. sg. *agní-nā*, aber *hári-ṇā*, *áśve-na*, aber *sarpé-ṇa*, Gen. pl. *áśvā-nām*, aber *pitṝ-ṇām*, Part. perf. pass. *lū-na-*, aber *kṣī-ṇa-*.

§ 21. Die Dentale stammen aus idg. (= lat.-gr.) *t*, *d* und aus *dh* (= gr. ϑ, lat. *f-*, *-b-*, *-d-*); *n* ist aus dem allgemein erhaltenen idg. *n* herzuleiten.

t = *t* : ai. *tanú-* 'dünn', vgl. gr. ταvυ-, lat. *tenuis*;
d = *d* : ai. *dáśa* 'zehn' = gr. δέκα, lat. *decem*;
dh = *dh*: ai. *mádhu-* n. 'Süßigkeit, Honig' = gr. μέϑυ 'Wein', nhd. *Met*;
n = *n* : ai. *nár-* m. 'Mann' = gr. ἀνήρ, vgl. lat. *neriōsus*.

§ 22. Ai. *p*, *b* stammen aus idg. (= lat.-gr.) *p*, *b*; *bh* aus idg. *bh* (= gr. φ, lat. *f-*, *-b-*); *m* aus idg. *m*, das allgemein bewahrt ist.

p = *p* : ai. *pád-* m. 'Fuß' = lat. *pēs*, *ped-is*;
b = *b* : ai. *bála-* n. 'Kraft', vgl. gr. βελτίων 'besser', lat. *dē-bilis* 'kraftlos';
bh = *bh*: ai. *nábhas-* n. 'Wolke, Dunst' = gr. νέφος, vgl. lat. *nebula*;
m = *m* : ai. *mātár-* f. 'Mutter' = gr. μήτηρ, lat. *māter*.

§ 23. Ai. *y* und *v* setzen idg. *i̯* (gr. ‛-, ζ-, -, lat. *i-*, -) und *u̯* (gr. F, lat. *v*) fort. — Sowohl *r* wie auch *l* kommen als Fortsetzer von idg. (= lat., gr., german.) *r* und von *l* vor: im Ai. sind offenbar Dialekte, die idg. *r* und *l* unterschieden, mit solchen, die beide Liquiden in *r* oder beide in *l* wandelten, zusammengeflossen.

y = *i̯* : ai. *yuván-* m. 'Jüngling' ∼ lat. *iuvenis*, nhd. *jung*;
r = *r* : ai. *prá-* 'vor, voran' = gr. πρό, lat. *pro-*;
r = *l* : ai. *śru-* 'hören', vgl. gr. κλύω;
l = *r* : ai. *-lohitá-* 'rot' (neben *róhita-*), zu lat. *ruber*, nhd. *rot*;
l = *l* : ai. *lubh-* 'heftig begehren', vgl. lat. *lubet*, nhd. *lieben*;
v = *u̯* : ai. *náva-* 'neu' = gr. νέ(F)ος, lat. *novus*.

§ 24. Ai. *ś* geht auf palatales idg. *ḱ* zurück, das sich ins Lateinische als *c*, ins Griechische als κ fortsetzt und im Germanischen zu χ (*h*) verschoben ist; diese, den *k*-Charakter bewahrenden, meist west-indogermanischen Sprachen werden '*Kentum*-Sprachen' genannt. Demgegenüber wandeln die '*Satem*-Sprachen', denen außer dem Indo-Iranischen u. a. Slawisch und Baltisch angehören, *ḱ* in Zischlaute oder Spiranten (aw. *s*, ap. *θ*, slaw. *s*, litauisch *š*). Entsprechend wird die Media *ǵ* im Satem-Bereich zu (slaw.) *z*, (ai.) *j* u. dgl. (§ 18); über *ǵh* s. § 27.

ś = *ḱ* : ai. *śatám* 'hundert' = aw. *satəm*, ap. *θata-*, lit. *šim̃tas*; gr. ἑ-κατόν, lat. *centum*, got. *hund*.

Die Herkunft von *ś* aus *ḱ* wird auch aus Gegebenheiten innerhalb des Sanskrit deutlich. So entstand aus *ḱ* + *s* ai. *kṣ*; daher lautet der *sa*-Aorist zum Verbum *diś*- *a-dik-ṣam* (§ 117). Zum Substantiv *diś*- finden wir im absoluten Auslaut und vor konsonantisch beginnenden Endungen Kasus wie *dik*, *dig-bhiḥ* (§ 33, 7).

§ 25. Ai. *ṣ* ist aus älterem *s* entstanden, das hinter ai. *ĭ*, *ŭ*, *e*, *o*, *ṛ*, *r* oder *k* stand: zu gr. τέρσομαι 'trockne', nhd. *Durst* (**tṛs*-) gehört ai. *tṛ́ṣ-ṇā*- f. 'Durst'; zu nhd. *Ochse* (**uks*-) ai. *ukṣán*- m. 'Stier'; der Superlativendung gr. -ιστος entspricht ai. *-iṣṭha-* (§ 72). Wichtig ist dieses Lautgesetz zum Verständnis von Unterschieden in der Formenlehre: der Lok. pl. endigt bei den *ā*-Stämmen auf *-ā-su*, jedoch bei den *i*-Stämmen auf *-i-ṣu*, bei den *r*-Stämmen auf *-ṛ-ṣu*, usw.; 'du trägst' lautet ai. *bhára-si*, 'du gehst' aber *é-ṣi*.

In der Gruppe *ṣṭ* geht *ṣ* auch auf die Vorstufe von *ś* (§ 24) zurück, s. § 19.

§ 26. Ai. *s* = idg. *s*, das im Griechischen anlautend ʽ- wird, intervokalisch schwindet, im Auslaut (-ς) und in Gruppen (wie στ, σκ) erhalten bleibt, im Lateinischen zwischen Vokalen zu *r* wird, sonst bewahrt ist: vgl. ai. *saptá* 'sieben' = gr. ἑπτά, lat. *septem*; ai. *tā́sām* Gen. pl. f. des Demonstrativums (§ 74) = gr. homer. τᾱ́ων, lat. *is-tārum*.

§ 27. Ai. *h* hat mehrfachen Ursprung. Einerseits entstammt es der Media aspirata der idg. palatalen Reihe (s. § 24), *ǵh* (gr. χ, lat. *h*, aber slaw. *z*):

ai. *himá*- m. 'Frost, Schnee' (auch im Namen des *Himālaya*-Gebirges enthalten) ∼ gr. χειμών, lat. *hiems*, aksl. *zima* 'Winter'.

Daneben ist es — über *źh — sekundäre Palatalisierung der Vorstufe von ai. *gh* (idg. *gh* oder $g^{u}h$: § 16); es steht dann oft innerhalb des grammatischen Paradigmas in einem Wechsel mit *gh*:

ai. *hánti* 'schlägt, tötet', aber 3. pl. *ghn-ánti* 'sie schlagen' (§ 93), *ghaná-* m. 'Schläger, Vernichter', vgl. aksl. *goniti* 'jagen, verfolgen'.

Einem Dialekt des Ai. entstammt der Wandel von idg. *dh* — das gemeinhin im Ai. erhalten ist (§ 21) — zu *h*: vgl. ai. *hitá-* als P. P. P. zur Wz. *dhā-*; *ihá* 'hier' (aber pāli *idha*) = gr. *ἰϑα-γενής* 'hier geboren, rechtbürtig'; *gṛhá-* n. 'Haus' < **gṛdhá-*, vgl. got. *gards* 'Haus'; Sek.-Endg. 1. pl. med. *-mahi* (§ 84) = gr. *-μεϑα*, usw.

In ai. *gṛh-* neben *gṛbh-* 'ergreifen' und in einigen weiteren Fällen stammt *h* aus *bh*, was wiederum einer Sondermundart zuzuschreiben ist. Im Mittelindischen ist *h* sehr häufig für *bh* und *dh* eingetreten.

§ 28. Dem Visarga (*-ḥ*) entspricht auslautendes *-s* oder *-r*; im Sandhi ist die unterschiedliche Herkunft auch ohne sprachvergleichende Mittel oft noch faßbar (§ 33, 12). Vgl. ai. *áśvaḥ*, *agníḥ* Nom. sg. = lat. *equu-s*, *igni-s*, hingegen *pítaḥ* Vok. sg. von *pitár-*, = gr. *πάτερ*.

§ 29. Anusvāra (*ṁ*) tritt für einen Nasal ein, der vor ai. *ś*, *ṣ*, *s* oder *h* zu stehen kam: das Verbum der 7. Klasse (§ 102) *hi-ná-s-ti* bildet als 3. plur. nicht **hi-n-s-ánti*, sondern *hiṁsánti*; entsprechend 3. plur. *piṁṣánti* 'sie zerstampfen' = lat. *pinsunt*; *aṁhú-* 'eng' ~ lat. *angustus*, nhd. *eng*; *áṁsa-* m. 'Schulter' = got. *ams* 'dss'.

§ 30. An kombinatorischen Lautgesetzen seien hier nur zwei genannt, die für das Verständnis grammatischer Vorgänge von Wichtigkeit sind:

1. Das 'Bartholomae'sche Aspiratengesetz', wonach Media aspirata (z. B. *bh*, *dh*) + Tenuis (z. B. *t*) zu der Folge Media + Media aspirata (*bdh*, *ddh*) wird: das *ta*-Partizip (§ 135) lautet zu *labh-* 'fassen' (über **labh-ta-*) daher *labdha-*, zu *budh-* 'erwachen' *buddhá-*. Da ai. *h* auf *gh*, $g^{u}h$ ebenso wie auf *ǵh* (> vor-indisch **źh*) zurückgeht (§ 27), finden sich beim Zusammentritt von ai. *-h* + Tenuis je nach der Vorstufe des ai. Lautes verschiedene Ergebnisse: ai. *dah-* 'brennen' ist älteres **dagh-*, daher (über **dagh-tá-*) P. P. P. *dagdhá-*; aber *lih-* 'lecken' stammt aus **liźh-*, idg. **liǵh-* (aksl. *lizati* 'lecken'), daher P. P. P. **liźh-ta-* > **liź-dha-*, woraus

weiter **lizḍha-*, ai. *līḍha-* (§ 19). Da *vah-* 'fahren' und *sah-* 'überwältigen' ebenfalls auf idg. Palatale, vorindisch also **vaźh-* (: aksl. *vez-ǫ* 'ich fahre'), **saźh-* zurückgehen, werden die Infinitive auf *-tum* (§ 137) zu diesen Wurzeln über **vaźdhum*, **saźdhum* und **vaẓḍhum*, **saẓḍhum* zu *vóḍhum*, *soḍhum*; hier wirkt eine umfärbende Ersatzdehnung (**az* **aẓ* > *o*, § 14) noch mit. — Weiteres s. § 87, 103, 114, 135.

2. Das 'Grassmannsche Hauchdissimilationsgesetz', wonach eine mittelbare Folge von zwei Aspiraten (z. B. *bh-dh*) den Verlust der Behauchung bei der ersten zur Folge hatte: wie das reduplizierte Präsens zu *dā-* 'geben' *dá-dā-ti* 'gibt' lautet, so müßte zu *dhā-* 'setzen' **dhá-dhā-ti* gebildet werden; unserem Lautgesetz zufolge aber entstand *dádhāti*. Besonders wichtig ist seine Wirkung im grammatischen Paradigma: vgl. 1. 2. sg. med. *dadhé* : *dhatsé* (§ 98) = **dha-dh-é* : **dha-dh-sé* > *dha-t-sé*, oder *-dhuk* 'melkend', Akk. sg. *-duham* < **dhugh-s* (> **dhuk-s*), Akk. **dhu(g)h-am*, wo jeweils die erste Aspirata nur erhalten blieb, wenn die zweite durch Assimilation (*-dhs-*, *-ghs-* > *-ts-*, *-ks-*) ihren Hauch verlor.

Ein gleichartiges Gesetz kennen wir aus dem Griechischen: das reduplizierte Präsens zur Wz. *ϑη-* war ursprünglich **thí-thē-mi* (wie *δί-δω-μι* zur Wz. *δω-*), woraus durch Dissimilation *tí-thē-mi* *τίϑημι*; die Deklination des Wortes für 'Haar' war Nom. sg. **thrikh-s* > *thrik-s* (*ϑρίξ*), aber **thrikh-ós* > *trikhós* (*τριχός*).

Zu beachten sind ferner die Sandhi-Gesetze (§ 33). Erschöpfendere Darstellungen der ai. Lautgeschichte bieten J. Wackernagel, Altindische Grammatik I² (1957), mit Nachträgen von A. Debrunner, und A. Thumb — R. Hauschild, Handbuch des Sanskrit I 1 (1958), S. 218ff.

B. Betonung

§ 31. Die Betonung des Sanskrit ist der des Lateinischen sehr ähnlich: in mehrsilbigen Wörtern wird die vorletzte Silbe betont, wenn sie natura oder positione lang ist; ist die vorletzte kurz, wird die drittletzte betont; anders als im Lateinischen, kann der Ton auch auf die viertletzte Silbe rücken, wenn sie die Wurzelsilbe ist und wenn die vorletzte und drittletzte Silbe kurz sind.

Es wird also betont: *bharāmaḥ* 'wir tragen', *bharanti* 'sie tragen'; *bharati* 'er trägt', *Rāmāyaṇa-* 'Rāma-Epos'; *duhitaram* Akk. sg. 'die Tochter'.

Konsonantengruppen mit *y* und *v* bilden in vorletzter Silbe keine Position; man betont *dātṛbhyaḥ* 'den Gebern'. Bei Verben erhalten Augment, Reduplikationssilbe und Verbalpräfix den Ton nach den oben gegebenen Regeln nur dann, wenn die Wurzelsilbe kurz ist; von der langsilbigen Wurzel *yā-* 'gehen' wird also im Sanskrit das Imperfekt *ayāt*, das Perfekt *yayau* betont.

§ 32. Die Sanskrit-Betonung, die keiner besonderen Kennzeichnung der Akzentstellen bedarf, da diese sich aus dem Wortkörper und den hier angeführten Regeln ergeben, ist erst im Laufe der altindischen Sprachgeschichte — aber doch wohl sehr früh, sicher in vorchristlicher Zeit — an die Stelle einer älteren Betonungsweise getreten, die in den früh-vedischen Texten noch herrscht und auch von Grammatikern überliefert wird. Es handelt sich um einen sogenannten 'freien', d. h. nicht durch Silbenzahl und Quantität bestimmten, sondern jeder Form individuell zukommenden Akzent, dessen Stelle deshalb bezeichnet werden muß. Das Ai. hat ihn aus dem Indogermanischen ererbt, da unzählige Tonstellen Übereinstimmungen mit dem Griechischen, mit baltischen und slawischen Sprachen und — nach dem indirekten Zeugnis des Vernerschen Gesetzes — mit dem Germanischen zeigen. Man vergleiche:

ved. *dhūmáḥ* m. 'Rauch' = gr. *θῡμός* 'Gemütswallung, Mut';
ved. *nábhaḥ* n. 'Wolke' = gr. *νέφος* 'dss.', russ. *nébo* 'Himmel';
ved. *duhitáram* 'filiam' = gr. *θυγατέρα*, litauisch *dùkterį* < **-tér-m̥*;
ved. *pā́t* m. 'Fuß', Akk. sg. *pā́dam*, Gen. *padáḥ* = gr. *πούς*, *πόδα*, *ποδός*;
ved. *pitár-* m. 'Vater', *bhrā́tar-* m. 'Bruder' = gr. *πατήρ*, *φρά̄τηρ*, got. *fadar*, *brōþar* aus frühgermanisch **faþḗr*, aber **brṓþēr*.

C. Sandhi

§ 33. Ein auffälliges Charakteristikum der Sanskrit-Praxis ist, daß dort in ein strenges Regelsystem gefaßt wird, was zwar auch in anderen Sprachen vorkommt, in deren schriftlicher Wiedergabe aber meist ausgemerzt wird: die gegenseitige Beeinflussung von Aus- und Anlauten aufeinander folgender Wörter im Redefluß. Unsere Probe (§ 34) macht augenfällig, daß ohne Kenntnis dieser Regeln der 'euphonischen' Verbindung — die Inder, und ihnen folgend die wissenschaftliche Grammatik des Abendlandes, nennen sie *sandhi-* (*saṁ-dhi-*) m. 'Vereinigung, Zusammensetzung' — die Interpretation des einfachsten Sanskrittextes nicht glücken könnte.

Die Sandhi-Regeln lauten:

1. Zusammentreffende Vokale gleicher Qualität (kurz oder lang) fließen in den entsprechenden langen Vokal zusammen: *nāstīha* steht für getrenntes *na asti iha* 'nicht ist hier'; *jayābharat* für *jayā abharat* 'die Frau trug'; *yadīcchet* für *yadi icchet* 'wenn er wünschen könnte'.

2. *a*, *ā* + *i*, *ī* wird *e*; *a*, *ā* + *u*, *ū* wird *o*; *a*, *ā* + *ṛ* wird *ar*: *vinerṣyayā* für *vinā īrṣyayā* 'ohne Eifersucht'; *sovāca* für *sā uvāca* 'sie sprach'; *yatharṣiḥ* für *yathā ṛṣiḥ* 'wie ein Seher'.

3. *a*, *ā* + *e*, *ai* wird *ai*; *a*, *ā* + *o*, *au* wird *au*: *adyaiva* für *adya eva* 'noch heute'; *tasyauṣadham* für *tasya auṣadham* 'dessen Arznei'.

4. Auslautende *i*, *ī*, *u*, *ū*, *ṛ*, *ṝ* gehen vor nicht gleichen Anlautvokalen in die entsprechenden Halbvokale bzw. Liquiden (*y*, *v*, *r*) über: *trīṇy etāni* für *trīṇi etāni* 'diese drei'; *astv etat* für *astu etat* 'dies soll sein'; *kartr asti* für *kartṛ asti* 'es ist tätig'.

5. Auslautende *-e*, *-o*, bleiben vor kurzem *a-*, das ausgestoßen wird: *te 'pi* für *te api* 'diese sogar'; *prabho 'tra* für *prabho atra* 'du Mächtiger hier'.

Vor allen anderen Vokalen werden auslautende *-e*, *-o* zu *-a*; der dadurch entstehende Hiat bleibt: *nagara iha* für *nagare* *iha* 'in der Stadt hier'; *prabha ihi* für *prabho ihi* 'du Mächtiger, komme'.

Daneben kommt (selten) für *-o*, noch seltener für *-e* vor Vokalen außer *a-* die Auflösung in *-av* (*-ay*) vor: *prabhav ihi.*

6. *-ai* wird vor Vokalen *-ā*; *-au* wird *-āv*, seltener *-ā*: *devyā iha* für *devyai iha* 'der Göttin hier'; *tāv ubhau* für *tau ubhau* 'diese beiden'.

Die Endvokale *-ī*, *-ū* und *-e* in Formen des Duals und in *amī* 'jene' (§ 77) erleiden keine Sandhiveränderungen; nach ihnen wird auch *a-* nicht elidiert. Das gleiche gilt für Interjektionen mit kleinem Wortkörper. Vgl. *girī iha* 'die beiden Berge hier', *i Indra* 'he, Indra!'.

7. Auslautende ursprüngliche Konsonantengruppen werden im Sanskrit auf einen Konsonanten reduziert: *bharan* Nom. sg. 'tragend' für **bharant-s* (: Stamm *bharant-*, vgl. Akk. *bharant-am*, + Nom.-Endung *-s*).

Im absoluten Auslaut können von den Gutturalen, Cerebralen, Dentalen und Labialen (§ 5) nur die Tenues (*-k*, *-ṭ*, *-t*, *-p*) stehen; andere Stammauslaute werden in sie verwandelt (vgl. *upaniṣad-*, Akk. sg. *upaniṣad-am*, aber Nom. sg. *upaniṣat*). Für wortschließende Palatale und *-ś-* tritt im absoluten Auslaut *-k*, für *-j-* und *-ś-* mitunter auch *-ṭ* ein: *vāc-* f., Gen. sg. *vāc-aḥ* 'Stimme' bildet den Nom. sg. *vāk*, *diś-* f. 'Himmelsrichtung' den Nom. sg. *dik*, aber *viś-* f. 'Ort' den Nom. sg. *viṭ*. Für *-ṣ-* und *-h-* finden wir *-k* und *-ṭ* im absoluten Auslaut. Vgl. die Deklinationsbeispiele § 59.

Diese 'Wandlungen' haben natürlich sprachgeschichtliche Ursachen. So ist *vāk* mit *-k* (aus **vāk* + *s*, lat. *vōx*) das Ursprünglichere gegenüber *vāc-aḥ* mit der Palatalisation des älteren Gutturals vor idg. hellem Vokal (: lat. *vōc-is*) nach § 18; das in den meisten Kasus erscheinende *vāc-* gilt jedoch als 'Stamm'. Im Falle *diś-* : *dik* resultiert *-k* aus der Auslautentwicklung des sonst zu *-ś-* gewordenen idg. *k̂* (§ 24); die Wandlung idg. Palatale zu *-ṭ* entstammt einer anderen lautgeschichtlichen Zeitstufe, vgl. zuletzt dazu T. Burrow, Journal of the American Oriental Society 79 (1959) 87 ff.

8. Die Tenuis des absoluten Auslautes (s. 7) bleibt im Sandhi nur vor tonlosen Lauten (§ 5); vor den Mediae (*g*, *d* usw.), Mediae aspiratae (*gh*, *dh* usw.), *r*, *l*, *y*, *v* und den Vokalen wird sie zur Media, vor Nasalen zum Nasal ihrer Reihe: *āsīd rājā* für *āsīt rājā* 'es war ein König', *abharad annam* für *abharat annam* 'er brachte Speise', bzw. *tan mama* für *tat mama* 'das meine', *vāṅ me* für *vāk me* 'meine Rede'.

Vor *h*- wird eine Tenuis des absoluten Auslautes zur Media und dieses zur entsprechenden Media aspirata: *tad dhi* für *tat hi* 'denn dieses'; *vāg ghi* für *vāk hi* 'denn diese Rede'.

9. Ein Dental assimiliert sich folgendem Palatal, Cerebral und *l*: *tac ca* für *tat ca* 'und dieses'; *taj jalam* für *tat jalam* 'dieses Wasser'; *prākarṣal lavanāmbhasi* für *prākarṣat lavanāmbhasi* 'er schleppte über die Salzflut'.

Auslautender Dental + anlautendes *ś*- ergibt -*cch*-: *tacchrutvā* für *tat śrutvā* 'dies gehört habend'.

10. -*n* wird vor tönenden Palatalen (*j*, *jh*), Cerebralen und *ś*- zum entsprechenden Nasal (*ñ*, *ṇ*, *ñ*), und *ś*- kann hierbei *ch*- werden: *tāñ janān* für *tān janān* 'diese Leute'; *tāṇ ḍambarān* für *tān ḍambarān* 'dieses Lärmen'; *tāñ śaśān* oder *tāñ chaśān* für *tān śaśān* 'diese Hasen'.

-*n* wird vor *l*- zu *m̐l*: *tām̐l lokān* für *tān lokān* 'diese Welten'.

Zum Ausdruck der Nasalierung in dieser Gruppe dient gewöhnlich der Anunāsika, seltener der Anusvāra (§ 5).

Alle Nasale außer -*m*, die nach einem kurzen Vokal auslautend stehen, werden vor anlautendem Vokal verdoppelt: *āsann atra* für *āsan atra* 'sie waren hier'.

Zwischen schließendes -*n* und anlautende tonlose Palatale (*c*, *ch*), Cerebrale (*ṭ*, *ṭh*) und Dentale (*t*, *th*) wird der entsprechende Zischlaut (*ś*, *ṣ*, *s*) eingeschoben und -*n* zu Anusvāra (*ṁ*): *vṛkāṁ-ś-ca* steht für *vṛkān ca* 'und die Wölfe', *tāṁ-ṣ-ṭaṅkān* für *tān ṭaṅkān* 'diese Hacken', *devāṁ-s-tatra* für *devān tatra* 'die Götter hier' (alle Akk. pl.).

Historisch gesehen, ist dies kein 'Einschub', sondern die ältere, in der Pausa (nach § 33, 7) auf einen Konsonanten reduzierte Gruppe hat sich im Sandhi gehalten, vergleichbar der Bewahrung lateinischer Auslaute in der *liaison* des Französischen: *a-t-il*, lat. *habe-t.* Denn *vṛkān*, *devān* gehen auf **vṛkāns*, **devāns* zurück, vgl. got. *wulfans*, altpreußisch *deiwans*, lat. *deōs* < **deiuons*. — Die Regel gilt dann freilich auch für Fälle, in denen niemals **-ns* vorhanden war: *abharan* (< **abhara-nt*, vgl. lat. *laudaba-nt*) + *tatra* 'sie trugen da' wird im Sandhi *abharaṁ-s-tatra*.

11. *-m* wird vor Konsonanten zu Anusvāra (*-ṁ*): *pūrvaṁ sattvam* für *pūrvam sattvam* 'das frühere Wesen'.

12. Der Visarga *-ḥ* geht auf älteres *-s* oder *-r* zurück (§ 28). Nur im absoluten Auslaut, vor den Tenues und Tenues aspiratae der gutturalen und labialen Reihe und vor Zischlauten steht *-ḥ*: *punaḥ punaḥ* 'immer wieder', *puruṣaḥ khanati* 'der Mensch gräbt'. Unter allen anderen Bedingungen finden wir den Auslaut verändert, und hierfür ist nicht von *-ḥ*, sondern von seinen Vorstufen *-s* oder *-r* auszugehen, um die Sandhi-Resultate verstehen zu können.

a) *-s*, aber auch *-r*, geht vor *c-*, *ch-* in *-ś*, vor *ṭ-*, *ṭh-* in *-ṣ*, vor *t-*, *th-* in *-s* über; oder richtiger: altes *-s* (> *-ḥ*) bleibt vor dentalen Tonlosen *-s*.

Vgl. *bhrātaras trayaḥ* 'drei Brüder'; *punaś carati* 'wieder wandelt er' : *bhrātaraḥ* < *-as*, *punaḥ* < *-ar*.

b) *-s* hinter anderen Vokalen als *-a-* und *-ā-* wird vor tönenden Lauten (§ 5) zu *-r*; *-r* bleibt unter diesen Bedingungen *-r*, auch hinter *-a-*, *-ā-* : *agnir dahati* für *agnis dahati* 'ein Feuer brennt'; *naur vahati* für *naus vahati* 'das Schiff fährt'; *pitar atra* 'du Vater hier' (mit altem *-ar*, zum *r*-Stamm *pitar-*); *punar atra* 'wieder da' (*-ar*).

Altes oder nach der vorigen Regel aus *-s* entstandenes *-r* fällt vor anlautendem *r-* unter Ersatzdehnung einer vorausgehenden Kürze aus: *śiśū roditi* 'das Kind weint' steht (über **śiśur roditi*) für *śiśus roditi*; *punā ramate* 'wiederum ergötzt er sich' für *punar ramate*.

c) *-as* wird vor tönenden Konsonanten und vor *a-* zu *-o* (über **-az*, § 14); *a-* wird hierbei, wie nach altem *-o* (§ 33, 5), elidiert : *devo 'pi* für *devas api* 'auch der Gott'; *Nalo nāma* für *Nalas nāma* 'namens Nala'. — Vor anderen Vokalen wird *-as* zu *-a*; der Hiat bleibt : *āditya iva* für *ādityas iva* 'wie die Sonne'; *nṛpa uvāca* für *nṛpas uvāca* 'der König sprach'.

d) *-ās* wird vor allen tönenden Lauten zu *-ā* : *nṛpā jayanti* für *nṛpās jayanti* 'die Könige siegen'.

Im Wortinnern sind die nämlichen Regeln wie im Satz-Sandhi oft zu beachten: die pluralischen Instrumentale auf *-bhiḥ* lauten z. B., nach den Regeln, die wir aus § 33, 8 und 12 kennen, zu *marut-* 'Wind' *marud-bhiḥ*, zu *manas-* 'Sinn' *mano-bhiḥ*, zu *cakṣus-* 'Auge' *cakṣur-bhiḥ*.

Daneben sind v. a. die Darlegungen der Lautgeschichte (§§ 8ff.) zum Verständnis von Lautwandlungen im Wortinnern, z. B. beim Zusammentritt von Stamm und Endung, heranzuziehen : etwa die Tatsache, daß *e*, *o* auf **ăi*, **ău* zurückgehen (§ 14) und daher vor Vokalen als *ay*, *av* erscheinen, oder der Wandel von *n* zu *ṇ* (§ 20), von *s* zu *ṣ* (§ 25).

§34. Zur praktischen Erläuterung der Sandhiregeln (§ 33) geben wir im folgenden die ersten Verse eines Sanskrittextes, des Liedes von Nala und Damayantī (§ 4), im Original; darauf folgt der gleiche Text, doch erscheinen die Wörter in der Form, die sie im absoluten Auslaut haben würden. Hinter jeder Form, die infolge einer Sandhi-Regel im Original abweicht, steht in Klammer die Abschnittsbezeichnung der betreffenden Regel nach dem vorhergehenden Paragraphen.

1. Original (Nalopākhyāna I 1—3):

Bṛhadaśva uvāca:

āsīdrājā nalo nāma vīrasenasuto balī
upapanno guṇairiṣṭai rūpavānaśvakovidaḥ / 1 /
atiṣṭhanmanujendrāṇāṁ mūrdhni devapatiryathā
uparyupari sarveṣāmāditya iva tejasā / 2 /

brahmaṇyo vedavicchūro niṣadheṣu mahīpatiḥ
akṣapriyaḥ satyavādī mahānakṣauhiṇīpatiḥ / 3 /[9])

2. Auflösung in Pausa-Formen:

Bṛhadaśvaḥ (12c) *uvāca* :

āsīt (8) *rājā nalaḥ* (12c) *nāma vīrasenasutaḥ* (12c) *balī*
upapannaḥ (12c) *guṇaiḥ* (12b) *iṣṭaiḥ* (12b) *rūpavān aśvakovidaḥ* / 1 /
atiṣṭhat (8) *manujendrāṇām* (11) *mūrdhni devapatiḥ* (12b) *yathā*
upari (4) *upari sarvēṣām ādityaḥ* (12c) *iva tejasā* / 2 /
brahmaṇyaḥ (12c) *vedavit* (9) *śūraḥ* (9, 12c) *niṣadheṣu mahīpatiḥ*
akṣapriyaḥ satyavādī mahān akṣauhiṇīpatiḥ / 3 /.

Vgl., außer den Sandhi-Darstellungen der Handbücher (S. 109): M. B. Emeneau, Sanskrit Sandhi and Exercises, 2. Aufl. Berkeley 1958; W. S. Allen, Sandhi, The Theoretic, Phonetic, and Historical Bases of Word-Junction in Sanskrit, Den Haag 1962.

D. Steigerung

§ 35. Der qualitative und quantitative Wechsel in der Wurzelgestalt etymologisch zusammengehöriger Formen, der aus Beispielen wie ai. *bhṛ-ta-* 'getragen' (*-ṛ-*), *bhar-ati* 'er trägt' (*-ar-*) und *bhār-a-* m. 'Bürde' (*-ār-*) abgelesen werden kann, ist von den indischen Grammatikern in ein Drei-

---

9) "Bṛhadaśva erzählte:
'Es war einmal ein König, Nala geheißen, des Vīrasena mächtiger Sohn; der war ausgestattet mit begehrenswerten Tugenden, schöngestaltet und mit Pferden vertraut. / 1 /
Er stand an der Menschenfürsten Spitze, gleichwie der Götterkönig [an der Spitze der Götter steht],
weit, weit alle, wie die Sonne, an Glanz überragend. / 2 /
Der brahmanenfreundliche, vedakundige Held war Fürst im Niṣadherlande;
er schätzte die Würfel, redete wahrhaftig und war ein großer Heerführer' / 3 /".

Stufen-System gebracht worden: danach kann eine Grundstufe (wie *-ṛ-*) durch einfache 'Steigerung', d. h. durch Vermehrung um kurzes *-a-*, zur Guṇa-Stufe (etwa 'Vorzug, [hoher] Grad') gehoben werden (*-a-r-*); durch eine weitere Steigerung, die eine Vermehrung um lang *-ā-* bedeutet, wird Vṛddhi ('Vermehrung, Wachstum') erreicht (*-ā-r-*). Da die Inder weiters die historisch richtige Beobachtung gemacht haben, daß *e* und *o* auf ältere **a-i*, **a-u* zurückgehen (§§ 5, 14) und daß *ai*, *au* aus *ā* + *i*, *ā* + *u* zusammengesetzt sind (§ 15), konnten sie das folgende Steigerungssystem aufstellen:

Grundstufe	*ĭ*	*ŭ*	*ṛ̆*	*ḷ*
Guṇa	*e*	*o*	*ar* (*ra*)	*al* (*la*)
Vṛddhi	*ai*	*au*	*ār* (*rā*)	(*āl*)

Beispiele: Grundstufe *nī-* 'führen' (P. P. P. *nī-ta-* 'geführt'), Guṇa *ne-* (*ne-tar-* m. 'Führer'; *nay-a-ti* 'führt', § 83), Vṛddhi *nai-* (Aorist *a-nai-ṣīt*);

Grundstufe *śru-* 'hören' (P. P. P. *śru-ta-* 'gehört'), Guṇa *śro-* (Infinitiv *śro-tum*), Vṛddhi *śrau-* (Aorist *a-śrau-ṣīt*; Kaus. *śrāv-ayati* mit *-*āu̯-* < *-*āu-*);

Grundstufe *kḷp-* 'rüsten, fügen' (P. P. P. *kḷp-ta-* 'gerüstet, fertig'), Guṇa *kalp-* (*kalp-ate* 'fügt sich').

§ 36. Mit diesem Steigerungssystem sind die Grundphänomene des indogermanischen Ablautes bereits erfaßt; die moderne Linguistik weicht von der indischen Lehre nur insofern ab, als sie von einer primären 'Vollstufe' (z. B. ai. *-ar-*) ausgeht, von der durch akzentbedingte Schwächung eine 'Schwundstufe' (ai. *-ṛ-*), durch Dehnung eine 'Dehnstufe' (ai. *-ār-*) abzuleiten sind[10]),

[10]) Ein Beispiel für idg. Ablaut in neuzeitlicher Auffassung: Normalstufe des gr. Suffixes -τεϱ- liegt in (πα)τέϱ(α) 'den Vater', Schwundstufe in (πα)τϱ(ός) 'des Vaters', Dehnstufe in (πα)τήϱ 'der Vater' vor.

während die Inder auf der schwächsten Wurzelform die weiteren durch 'Zuwachs' aufbauen ließen. Dadurch zerstörten sie sich freilich die Möglichkeit, auch Wurzeln mit *-a*-Vokalismus, wie *pat-* 'fallen', in das System befriedigend einzufügen: hier gelten *ă* als Grundstufe wie als Guṇa, *ā* als Vṛddhi, während etwa zur Guṇastufe *pat* (*pat-ati* 'fällt') und zur Vṛddhi *pāt* (Kausativ *pāt-ayati*) die wirkliche Grundstufe in *pt* (Aorist *a-pa-pt-at*) gesucht werden müßte.

§ 37. Noch eine weitere Erkenntnis der idg. Ablautlehre ist von den Indern vorweggenommen worden. Sie hängt zusammen mit der Feststellung, daß zu primärem Langvokal (z. B. *ē*) die Schwundstufe *ə* ist (ursprünglich *eə* : *ə* wie *er* : *ṛ*, § 11), und betrifft die idg. 'zweisilbigen Basen' wie z. B. die theoretische Basis **ĝen-ē-* 'zeugen, gebären', zu der die Normalstufen **ĝn-ē-* (ai. *jñā-tí-* m. 'Verwandter') und **ĝen-ə-* (ai. *jáni-man-* n. 'Geburt'), die Schwundstufe **ĝṇ-ə̥-* (ai. *jā-tá-* 'geboren', § 9) gehören und die von einer Wurzel wie **men-* 'denken' (Normalstufe; ai. *mán-man-* n. 'Gedanke, Sinn'), Schwundstufe **mṇ-* (> ai. *ma-tí-* f., § 8) deutlich zu scheiden ist. Diese Unterscheidung haben die Inder bereits gesehen und in dem Vorhandensein von *-i-* (< *-ə-*, § 11) beim ersteren Typus (*ján-i-man*, *jan-i-tár-*, *ján-i-toḥ* usw.) ihr Charakteristikum erblickt. In der Formelsprache der ai. Grammatik spricht man bei Wurzeln wie *man-* (*ma-tí-*, *ma-tá-*, *mán-tu-*, *mán-tra-*) von Aniṭ-Wurzeln (*an-i-ṭ*, zu *an-* 'un-, nicht-': also 'ohne *i*'), bei solchen wie *jan(i)-* von Seṭ-Wurzeln (< **sa-i-ṭ* [*-e-* < *-a* + *i-*, §§ 5, 14], zu *sa-* 'mit, zusammen': 'mit *i*'). Vgl. noch §§ 9, 83 (S. 66), 115, 135, 136, 137.

E. Formenlehre

1. Das Nomen (Substantiv und Adjektiv)

§ 38. Wie die klassischen Sprachen, so besitzt auch das Sanskrit eine große Zahl von Vokal- und Konsonantenstämmen und daher mehrere 'Deklinationen'. Es hat drei Genera: Maskulinum, Femininum, Neutrum; drei Numeri: Singular, Dual (als Ausdruck der Zweizahl), Plural; acht Kasus: Nominativ, Vokativ, Akkusativ, Instrumental, Dativ, Ablativ, Genetiv, Lokativ.

Zum Gebrauch der Kasus: Nominativ, Genetiv, Dativ, Akkusativ und Vokativ ähneln in ihrer Verwendung den entsprechenden Kasus der klassischen Sprachen und des Deutschen. Hervorzuheben ist allenfalls: der Gebrauch des Nominativs vor *iti* 'so', um einen Namen einzuführen (*vadanty Aparṇeti* ... *tām* 'man nennt sie Aparṇā', wörtlich 'sie nennen sie [Akk. *tām*] : Aparṇā; so [*iti*] heißt sie'); die sich mitunter der des Dativs nähernde Funktion des Genetivs: *hitaṁ tasya* 'gut für ihn'. — Der Instrumental bezeichnet Mittel, Werkzeug, Ursache, Begleitung: *tā laguḍena tāḍayiṣyāmi* 'diese werde ich mit dem Knüppel schlagen'; *nirayo yas tvayā vinā* 'Hölle ist, was ohne dich'. Beliebt sind Passivkonstruktionen mit dem Instr.: *tena* ... *śarāva ekaḥ prāptaḥ* 'durch diesen (wurde) ein Topf erlangt' (= er erhielt ...). Der Ablativ bezeichnet den Ausgangspunkt: *lobhāt krodhaḥ prabhavati* 'aus der Begierde entsteht Zorn'. Der Lokativ ist Kasus des Ortes: *āsīt* ... *nagare* ... *brāhmaṇaḥ* 'es war in der Stadt ein Brahmane'. Wichtig ist der locativus absolutus, den entsprechenden Ablativ- bzw. Genetivkonstruktionen im Lateinischen und Griechischen vergleichbar: *vayasi prāpte* 'bei erreichtem Alter' = 'als sie erwachsen geworden war'; *mūle hate hataṁ sarvam* 'wenn die Wurzel (*mūla-*) abgetötet ist, ist alles tot'.

1. *a*-Deklination (m. n.)

§ 39. Paradigma *deva-* m. 'Gott'.

	Singular	*Dual*	*Plural*
Nom.	devaḥ	devau	devāḥ
Vok.	deva	devau	devāḥ
Akk.	devam	devau	devān
Instr.	devena	devābhyām	devaiḥ
Dat.	devāya	devābhyām	devebhyaḥ
Abl.	devāt	devābhyām	devebhyaḥ
Gen.	devasya	devayoḥ	devānām
Lok.	deve	devayoḥ	deveṣu

Neutrum : *yuga-* 'Joch'.

N. V. A.	yugam	yuge	yugāni

Die übrigen Kasus wie im Mask.

Nebenformen in der älteren (vedischen) Sprache: Sing. Instr. *-ā*; Dual Nom.-Akk.-Vok. *-ā* (Langvokal neben ursprünglichem Langdiphthong *-au*: § 15); Plur. Nom. *-āsaḥ*, Instr. *-ebhiḥ*, Gen. *-ām*. — Neutrum: Plur. Nom.-Akk.-Vok. *-ā*.

Geschichtlich entsprechen die lat.-gr. *o*-Stämme (ai. *ă̄* < idg. **ŏ̄*, §§ 8, 9): vgl. Maskul. Sing. ai. *dev-aḥ* = gr. *ἵππ-ος*, lat. *equ-os*, *-us*; ai. *-a* = gr. *-ε*, lat. *-e*; ai. *-am* = gr. *-ον*, lat. *-um*; ai. *-asya* = gr. homer. *-οιο*; *-e* = gr. *οἴκ-οι* 'im Hause'; Dual ai. *-au* und (ved.) *-ā* = gr. *ἵππ-ω*, lat. *amb-o*; Plur. ai. *-āḥ* = got. *wulf-ōs*; ai. *-ān*, im Sandhi *-ām̐-s°* (§ 33, 10) ∼ gr. dial. *-ονς*, got. *wulf-ans*. Neutrum Sing. *yug-am* = gr. *ζυγ-όν*, lat. *iug-um*; Plur. (ved.) *yug-ā* = lat. *iug-a*; usw.

2. ā-Deklination (f.)

§ 40. Paradigma *senā-* f. 'Heer'.

	Singular	*Dual*	*Plural*
Nom.	senā	sene	senāḥ
Vok.	sene	sene	senāḥ
Akk.	senām	sene	senāḥ
Instr.	senayā	senābhyām	senābhiḥ
Dat.	senāyai	senābhyām	senābhyaḥ
Abl.	senāyāḥ	senābhyām	senābhyaḥ
Gen.	senāyāḥ	senayoḥ	senānām
Lok.	senāyām	senayoḥ	senāsu

Von *ambā-* f. 'Mutter' kommt auch der abweichende Vok. Sg. *amba* vor.

Nebenformen der älteren Sprache: Sing. Instr. *-ā*; Plur. Nom. *-āsaḥ*.

Geschichtlich entsprechen die *ā*-Stämme der klassischen Sprachen: Vgl. Sing. ai. *sen-ā* = gr. *χώρ-ᾱ*, lat. *mens-a*, got. *gib-a*; ai. *-ām* = gr. *-ᾱν*, lat. *-am*; Plur. Nom.-Akk. ai. *-āḥ* = got. *gib-ōs*. — Mit Sicherheit sind auch das *-ai* des Dat. sg., das *-āḥ* des Gen.-Abl. sg. mit gr. *-ᾱͅ* (§ 15), lat. *-ae*, got. *-ai* bzw. gr. *-ᾱς*, lat. *famili-ās*, *viās*, got. *-ōs* gleichzusetzen: zur Deutung des davorstehenden *-āy-* s. zuletzt G. Liebert, Studia Linguistica 14 (1960) 95ff., mit Lit.

§ 41. Dreigeschlechtige Adjektiva entstehen durch die Verbindung der maskulinen und neutralen *-a*-Deklination und der femininen *-ā*-Deklination (§§ 39, 40) : z. B. *pāpaḥ* m., *pāpā* f., *pāpam* n. 'böse'.

Wie gr. *νέος, νέα, νέον*, lat. *novus, nova, novum* lehren, ist dieser Adjektiv-Typus idg. Erbe.

Daneben zeigen viele Adjektiva ein Femininum auf *-ī*, s. § 50.

§ 42. Die Wurzelnomina auf *°ā-* vom Typus *soma-pā-* 'Soma trinkend' werden hier gewöhnlich angeschlossen, doch sind ihre Endungen die der Konsonantenstämme (§ 57), wobei nur vor Endungen mit konsonantischem Anlaut (wie *-m, -bhiḥ*) *-pā-*, vor solchen mit vokalischem Anlaut (wie *-aḥ, -ī*) hingegen *-p-* erscheint; man dekliniert also : Sing. N. V. *somapāḥ*, A. *-pām*, I. *-pā*, D. *-pe*, Ab. G. *-paḥ*, L. *-pi*; Dual N. V. A. *somapau*, I. D. Ab. *-pābhyām*, G. L. *-poḥ*; Plur. N. V. *somapāḥ*, A. *-paḥ*, I. *-pābhiḥ*, D. Ab. *-pābhyaḥ*, G. *-pām*, L. *-pāsu*. — Dieser archaische Typus (s. dazu Wackernagel—Debrunner, Altind. Grammat. III 125ff.) wird in jüngerer Sprache oft in die geläufigeren Stämme auf *a-* (f. *ā-*) übergeführt.

3. *i*-Deklination

a) Maskulina

§ 43. Paradigma *agni-* m. 'Feuer'.

	Singular	*Dual*	*Plural*
Nom.	agniḥ	agnī	agnayaḥ
Vok.	agne	agnī	agnayaḥ
Akk.	agnim	agnī	agnīn
Instr.	agninā	agnibhyām	agnibhiḥ
Dat.	agnaye	agnibhyām	agnibhyaḥ
Abl.	agneḥ	agnibhyām	agnibhyaḥ
Gen.	agneḥ	agnyoḥ	agnīnām
Lok.	agnau	agnyoḥ	agniṣu

Nebenformen der älteren Sprache: Sing. Instr. *-yā*; Gen. *-yaḥ*; Lok. *-ā* (neben *-au*, s. § 39 Anm.); Plur. Nom. *-yaḥ*.

Vgl. die idg. *-ei-/-i-*Stämme : Sing. ai. *agn-iḥ* = gr. *ὄφ-ις*, lat. *ign-is*; ai. *-im* = gr. *-ιν*, lat. *sit-im*; Plur. ai. *-ayaḥ* = gr. *-εις*, lat. *-ēs*, got. *gast-eis* 'Gäste'; ai. *-īn*, im Sandhi *-īṁ-s°* (§ 33, 10) ~ got. *gast-ins*; ai. *-ibhyaḥ* ~ lat. *-ibus*.

§ 44. Abweichend flektieren: 1. *sakhi-* m. 'Freund' in den Kasus Sing. Nom. *sakhā*, Akk. *sakhāyam*, Instr. *sakhyā*, Dat. *sakhye*, Abl. Gen. *sakhyuḥ*, Lok. *sakhyau*; Dual N. V. A. *sakhāyau*; Plural Nom. Vok. *sakhāyaḥ*.

2. *pati-* m. 'Herr' in Sing. Instr. *patyā*, Dat. *patye*, Abl. Gen. *patyuḥ*, Lok. *patyau*. — Als Endglied von Komposita (wie *gṛha-pati-* 'Hausherr'), und mitunter auch alleinstehend, folgt es § 43.

b) Feminina

§ 45. Paradigma *mati-* f. 'Verstand'.

	Singular	*Dual*	*Plural*
Nom.	matiḥ	matī	matayaḥ
Vok.	mate	matī	matayaḥ
Akk.	matim	matī	matīḥ
Instr.	matyā	matibhyām	matibhiḥ
Dat.	matyai, mataye	matibhyām	matibhyaḥ
Abl.	matyāḥ, mateḥ	matibhyām	matibhyaḥ
Gen.	matyāḥ, mateḥ	matyoḥ	matīnām
Lok.	matyām, matau	matyoḥ	matiṣu

Nebenformen der älteren Sprache: Sing. Instr. *-ī*, Lok. *-ā* (wie § 43); Plur. Nom.-Akk. *-yaḥ*.

Die Eigenständigkeit der femininen *i*-Deklination — ursprünglich bestand wohl kein Unterschied zu den *i*-Maskulina (§ 43) — erklärt sich 1. aus der Erhaltung archaischer Formen, wie Sing. Instr. *-yā* (m. nur in ved. Sprache, § 43 Anm.); 2. aus analogischen Umbildungen (wie Plur. Akk. *-īḥ* neben maskulinem *-īn* [§ 43] nach dem Muster f. *-āḥ* [§ 40] : m. *-ān* [§ 39]); 3. aus einer Beeinflussung durch die ī-Deklination (§ 50), der v. a. die Doppelformen wie Sing. Dat. *-yai* (neben *-aye*), Abl.-Gen. *-yāḥ* (neben *-eḥ*) verdankt werden.

c) Neutra

§ 46. Paradigma *vāri-* n. 'Wasser'.

	Singular	Dual	Plural
Nom.	vāri	vāriṇī	vārīṇi
Vok.	vāri	vāriṇī	vārīṇi
Akk.	vāri	vāriṇī	vārīṇi
Instr.	vāriṇā	vāribhyām	vāribhiḥ
Dat.	vāriṇe	vāribhyām	vāribhyaḥ
Abl.	vāriṇaḥ	vāribhyām	vāribhyaḥ
Gen.	vāriṇaḥ	vāriṇoḥ	vārīṇām
Lok.	vāriṇi	vāriṇoḥ	vāriṣu

Historische Grundlage ist der idg. *i*-stämmige Neutra-Typus, vgl. lat. *mar-e* (aus **mar-i*) n. 'Meer'; dieser war in seiner Flexion, außer im Nom.-Akk., ursprünglich nicht von § 43 verschieden. Der Unterschied wird dadurch hervorgerufen, daß die *i*-Neutra (und analog dazu die auf *-u-*, § 48) ganz ins Schlepptau der *n*-Stämme (§ 65) geraten sind, so daß für alle Kasus mit vokalischem Anlaut der Endungen (wie *-aḥ*, *-i*, *-oḥ*) von einem 'Stamm' *vāri-ṇ-* (*-ṇ-* nach § 20) auszugehen ist.

§ 47. Die Neutra *akṣi-* 'Auge', *asthi-* 'Knochen', *dadhi-* 'saure Milch' und *sakthi-* 'Schenkel' bilden den Instr., Dat., Abl., Gen., Lok. Sing., den Gen.-Lok. Dual und den Gen. Plur. von Stämmen auf *-an-* (also nach § 65) : somit *asthnā*, *asthne*, *asthnaḥ*, *asth(a)ni*; *asthnoḥ*; *asthnām*.

4. *u*-Deklination (m. f. n.)

Die *u*-Stämme werden im Sanskrit ganz analog zu den *i*-Stämmen (§§ 43—46) dekliniert; es ist nur (mit Ausnahme des Lok. Sing.) jeweils *-u-* für *-i-*, *-av-* für *-ay-*, *-v-* für *-y-*, *-o-* für *-e-* einzusetzen.

§ 48. Paradigmata *śatru-* m. 'Feind', *dhenu-* f. 'Kuh', *madhu-* n. 'Honig'.

	Singular		
	m.	f.	n.
Nom.	śatruḥ	dhenuḥ	madhu
Vok.	śatro	dheno	madhu

	m.	f.	n.
Akk.	śatrum	dhenum	madhu
Instr.	śatruṇā[11])	dhenvā	madhunā
Dat.	śatrave	dhenvai, dhenave	madhune
Abl.	śatroḥ	dhenvāḥ, dhenoḥ	madhunaḥ
Gen.	śatroḥ	dhenvāḥ, dhenoḥ	madhunaḥ
Lok.	śatrau	dhenvām, dhenau	madhuni

Dual

N. V. A.	śatrū	dhenū	madhunī
I. D. Ab.	śatrubhyām	dhenubhyām	madhubhyām
G. L.	śatrvoḥ	dhenvoḥ	madhunoḥ

Plural

N. V.	śatravaḥ	dhenavaḥ	madhūni
Akk.	śatrūn	dhenūḥ	madhūni
Instr.	śatrubhiḥ	dhenubhiḥ	madhubhiḥ
D. Ab.	śatrubhyaḥ	dhenubhyaḥ	madhubhyaḥ
Gen.	śatrūṇām	dhenūnām	madhūnām
Lok.	śatruṣu	dhenuṣu	madhuṣu

Bemerkenswerte Nebenformen der älteren Sprache sind: Mask. Sing. Instr. *-vā*, Dat. *-ve*, Abl.-Gen. *-vaḥ*, Lok. *-avi*; Plur. Nom. Akk. *-vaḥ* (auch f.). Bei den Neutra greift der um *-n-* erweiterte Stamm (analog zu § 46) erst im Verlauf der ai. Sprachgeschichte um sich.

Zu vergleichen ist die (*eu-*)/*u*-Deklination der verwandten Sprachen: ai. *śatr-uḥ* = gr. *πῆχ-υς*, lat. *frūct-us*, got. *sun-us*, aksl. *syn-ъ* 'Sohn'; ai. *-um* = gr. *-υν*, lat. *-um*, got. *-u*; ai. *-ave* = lat. *-uī*, aksl. *syn-ovi*; ai. *-oḥ* = lat. *-ūs*, got. *-aus*, aksl. *-u*; Plur. *-avaḥ* = gr. *-εες*, *-εις*, lat. *-ūs*, got. *-jus*, aksl. *-ove*; *-ūn*, *-ūṁ-*s^{o} (§§ 33, 10; 39; 43) ∼ got. *-uns*; *-ubhyaḥ* ∼ lat. *-ubus*; usw.

§ 49. Adjektiva auf *-i-* flektieren wie die Substantiva der drei Geschlechter: *śuciḥ* m. 'rein' (nach § 43), *śuciḥ* f. (nach § 45), *śuci* n. (nach § 46); doch können die neutralen Adjektiva, mit Ausnahme des Nom.-Vok.-Akk., auch nach

[11]) *-ṇ-* aus *-n-* nach § 20.

§ 43 dekliniert werden. — Ähnliches gilt für die *-u*-Adjektiva : *tanuḥ* m. 'dünn' flektiert wie *śatruḥ* (§ 48), *tanu* n. wie *madhu*, doch kann es gleichfalls, außer im Nom.-Vok.-Akk., den Maskulina folgen. Häufiger als *tanuḥ* f. (wie *dhenuḥ*, § 48) ist die Femininbildung bei den *u*-Adjektiva auf *-v-ī-*, also f. *tanvī-*, das nach § 50 dekliniert wird.

Grundsprachliches Erbe ist sowohl der Typus der Adjektiva auf *-i-* (vgl. lat. *fortis, -e*) wie auch der auf *-u-*, einschließlich der Besonderheit, daß das Femininum zum *-ī/-i̯ā*-Stamm erweitert ist: vgl. ai. *svādú-* 'süß', f. *svādvī́* mit gr. ἡδύς, ἡδεῖα (**su̯ādeu̯-i̯ā-*), lat. *suāv-i-s*.

5. *ī*- und *ū*-Stämme (f.)

a) Mehrsilbige

§ 50. Paradigmata *devī-* f. 'Göttin', *śvaśrū-* f. 'Schwiegermutter'.

	Singular		*Plural*	
Nom.	devī	śvaśrūḥ	devyaḥ	śvaśrvaḥ
Vok.	devi	śvaśru	devyaḥ	śvaśrvaḥ
Akk.	devīm	śvaśrūm	devīḥ	śvaśrūḥ
Instr.	devyā	śvaśrvā	devībhiḥ	śvaśrūbhiḥ
Dat.	devyai	śvaśrvai	devībhyaḥ	śvaśrūbhyaḥ
Abl.	devyāḥ	śvaśrvāḥ	devībhyaḥ	śvaśrūbhyaḥ
Gen.	devyāḥ	śvaśrvāḥ	devīnām	śvaśrūṇām[12])
Lok.	devyām	śvaśrvām	devīṣu	śvaśrūṣu

	Dual	
N. V. A.	devyau	śvaśrvau
I. D. Ab.	devībhyām	śvaśrūbhyām
G. L.	devyoḥ	śvaśrvoḥ

Abweichung: *lakṣmī-* f. 'Glück(sgöttin)' bildet den Nom. Sg. *lakṣmīḥ*. Vereinzelt kommen noch weitere Nominative auf *-īḥ* im Sanskrit vor.

---

12) *-ṇ-* für *-n-* nach § 20.

Zu manchen *-a*-Adjektiven (§ 41) wird das Femininum nicht auf *-ā*, sondern auf *-ī* gebildet und wie *devī-* dekliniert: *sundaraḥ*, *sundarī*, *sundaram* 'der, die, das schöne'. — Auch lautet zu den meisten *u*-Adjektiven (§ 49) das Femininum auf *-vī-*.

In der vedischen Sprache finden wir zwei deutlich voneinander geschiedene Deklinationstypen auf *-ī-*:

1. Die *devī*-Flexion, mit der das oben gegebene Paradigma des klassischen Sanskrit weitgehend übereinstimmt. Die wesentlichen Abweichungen sind Dual Nom. Akk. *devī́* (Vok. *dévī*), Plur. Nom. *devī́ḥ* (Vok. *dévīḥ*). Es handelt sich um Stämme auf *-i̯ā-*, die in vielem mit der alten *-ā*-Deklination ursprünglich übereinstimmten (§ 40), in einigen Kasus aber — z. B. im Nom. Sing. — die Ablautstufe *-ī-* durchführten. Der durch das Ai. fortgesetzte Zustand findet sich u. a. im Gotischen bewahrt: vgl. ved. *dev-ī́*, Gen. *dev-yā́ḥ*, Dat. *dev-yái* mit got. *band-i* 'Fessel', Gen. *band-jōs*, Dat. *band-jai*; die klassischen Sprachen zeigen indirekte Fortsetzer, das Lat. z. B. Verbauung durch ein *-k*-Suffix (lat. *genetrīx*, *genetrī-c-is* : ai. *jánitrī-* 'Mutter'), das Griechische meist durch *-ια*-Stämme (*πότνια* : ai. *pátnī*, *pátnyā-* 'Herrin').

2. Die *vṛkī́*-Flexion (Beispiel ved. *vṛkī́-* f. 'Wölfin'); hier tritt ein primäres *-ī-*, vorvokalisch *-iy-*, vor die Endungen, die wir bei den Konsonantenstämmen finden (§ 57); vgl. die ursprüngliche Flexion der Einsilbler auf *-ī-* (§ 51). Folgende Kasus der *vṛkī́*-Flexion sind dem Sanskrit fremd: Sing. Nom. *vṛk-ī́ḥ* (doch s. *lakṣmīḥ* u. dgl.); Akk. *-yàm* (d. i. *-íy-am*); Dat. *-yè*; Abl.-Gen. *-yàḥ*; Lok. *-ī́*. Der Nom.-Akk. Dual *-yàu* (daneben *-yà*; s. u. § 39) und der Nom. Plur. *-yàḥ* hingegen stimmen mit *devyau*, *devyaḥ* des obigen Paradigmas überein: diese Kasus des klassischen Sanskrit sind also der *vṛkī́*-Flexion entnommen.

Die *-ū*-Stämme sind — bis auf den Nom. Sing. *-ūḥ*, der nicht zu *dev-ī*, nur zu *lakṣmīḥ*, ved. *vṛkī́ḥ* stimmt — den *-ī*-Stämmen völlig analog (s. vor § 48): man hat nur *-u-* für *-i-*, *-ū-* für *-ī-*, *-v-* für *-y-* einzusetzen, um aus der einen Deklination in die andere zu transponieren. — Geschichtlich liegen, wie die ved. Sprache lehrt, alte *-ū-/-uv*-Stämme zugrunde (ved. *tanū́ḥ*, Gen. *tanvàḥ* 'Leib, Selbst'), die idg. Ursprungs sind (vgl. gr. *ἰσχῦς*, Gen. *-ύος* 'Kraft'); erst im Lauf der ai. Sprachentwicklung sind sie nach dem Muster der *devī́*-Flexion umgeformt worden.

b) *Einsilbige*

§ 51. Paradigmata *dhī-* f. 'Verstand', *bhū-* f. 'Erde'.

Singular

Nom. Vok.	dhīḥ	bhūḥ
Akk.	dhiyam	bhuvam
Instr.	dhiyā	bhuvā
Dat.	dhiye, dhiyai	bhuve, bhuvai
Abl.	dhiyaḥ, dhiyāḥ	bhuvaḥ, bhuvāḥ
Gen.	dhiyaḥ, dhiyāḥ	bhuvaḥ, bhuvāḥ
Lok.	dhiyi, dhiyām	bhuvi, bhuvām

Plural

Nom. Vok.	dhiyaḥ	bhuvaḥ
Akk.	dhiyaḥ	bhuvaḥ
Instr.	dhībhiḥ	bhūbhiḥ
Dat.	dhībhyaḥ	bhūbhyaḥ
Abl.	dhībhyaḥ	bhūbhyaḥ
Gen.	dhiyām, dhīnām	bhuvām, bhūnām
Lok.	dhīṣu	bhūṣu

Dual

Nom. Vok. Akk.	dhiyau	bhuvau
Instr. Dat. Abl.	dhībhyām	bhūbhyām
Gen. Lok.	dhiyoḥ	bhuvoḥ

Abweichung: *strī-* 'Weib' bildet Sing. Vok. *stri*, Akk. *strīm* neben *striyam*, Dat. nur *striyai*, Abl. Gen. nur *striyāḥ*, Lok. nur *striyām*; Plur. Akk. *strīḥ* neben *striyaḥ*, Gen. *strīṇām*. Das Wort neigt also trotz seiner Einsilbigkeit mehr zu § 50.

Alte Einsilbler auf *-ī-*, *-ū-*, vorvokalisch *-ii̯-*, *-uu̯-*, mit den Endungen des konsonantenstämmigen Typs (§ 57); vgl. gr. *λῖς*, Nom. Plur. *λί-ες* 'Löwe', *ὗς*, Gen. Sing. *ὑ-ός* 'Schwein', lat. *sūs*, Gen. *su-is* (s. auch die Mehrsilbler auf primäres *-ī-*, *-ū-* im vedischen *vṛkī́-* und *tanū́*-Typus, § 50). — Die Doppelformen (wie *dhiy-āḥ* neben *dhiy-aḥ*) sind einem Einfluß der *devī*-Flexion (§ 50) zuzuschreiben.

6. *r*-Deklination

§ 52. Paradigma *dātar-* m. n. 'Geber, gebend'.

	Singular m.	Singular n.	Plural m.	Plural n.
Nom.	dātā	dātṛ	dātāraḥ	dātṝṇi[13])
Vok.	dātaḥ	dātṛ, dātaḥ	dātāraḥ	dātṝṇi
Akk.	dātāram	dātṛ	dātṝn	dātṝṇi
Instr.	dātrā	dātṛṇā[13])	dātṛbhiḥ	
Dat.	dātre	dātṛṇe	dātṛbhyaḥ	
Abl.	dātuḥ	dātṛṇaḥ	dātṛbhyaḥ	
Gen.	dātuḥ	dātṛṇaḥ	dātṝṇām	
Lok.	dātari	dātṛṇi	dātṛṣu	

	Dual m.	Dual n.
Nom. Vok. Akk.	dātārau	dātṛṇī[13])
Instr. Dat. Abl.	dātṛbhyām	dātṛbhyām
Gen. Lok.	dātroḥ	dātṛṇoḥ

Die Feminina fügen *-ī-* an den schwachen Stamm, also *dātr-ī-* f. 'Geberin, gebende'; sie flektieren nach § 50.

§ 53. Eine Reihe von *-r*-Stämmen, vor allem die Verwandtschaftsnamen *pitar-* m. 'Vater', *mātar-* f. 'Mutter', *bhrātar-* m. 'Bruder', *duhitar-* f. 'Tochter' (nicht aber *svasar-* f. 'Schwester', *naptar-* m. 'Enkel'), sowie *nar-* m. 'Mann' weichen in folgenden Kasus von § 52 ab:

	Singular	Dual	Plural
Nom. Vok.		pitarau	pitaraḥ
Akk.	pitaram	pitarau	

Die femininen Verwandtschaftswörter auf *-r-* haben außerdem im Akk. Plur. die Endung *-ṝḥ* (*-s*): *mātṝḥ*, *duhitṝḥ*, *svasṝḥ*.

[13]) Zum *-ṇ-* vgl. § 20.

Der Gen. Plur. von *nar-* 'Mann' lautet neben *nṝṇām* auch *nṛṇām*.

Ferner sind bei diesem Wort vom Anfang an Kasus vermieden worden, deren Form zu schmal gewesen wäre, wie Sing. Dat. **nr-e*, Gen. **nuḥ*. Wir finden dafür im Ved. Formen von der Vollstufe, Sing. Dat. *náre*, Gen. *náraḥ*, Plur. Gen. *narā́m*; später treten Formen des *-a*-Stammes *nara-* 'Mann' in den Vordergrund. — Der Nom.-Akk.-Vok. Dual auf (*-ắr*)*-au* hat im Vedischen die Nebenform *-ā*.

Zu Recht werden diese Stämme noch unter den Vokalklassen behandelt, denn sie haben viele Züge von ihnen angenommen : Plur. Akk. *pitṝn*, f. *mātṝḥ*, Gen. *pitṝṇām* richten sich nach *devān* (§ 39), *agnīn* (§ 43), bzw. *senāḥ* (§ 40), *matīḥ* (§ 45) und nach *devānām*, *agnīnām* usw.; sie sind keine konsonantenstämmigen Kasus wie gr. *πατέρ-ας*, *πατρ-ῶν*. Doch liegen sprachgeschichtlich natürlich die *-r*-Stämme vom Typus lat. *dator*, *datōr-is*, *pater*, *patr-is* zugrunde; die in § 53 vermerkte Abweichung in der Stammgestalt, z. B. Plur. Nom. *pitar-aḥ* 'Väter', *nar-aḥ* 'Männer' gegenüber *dātār-aḥ* 'Geber' und *svasār-aḥ* 'Schwestern', erklärt sich als Reflexion des Unterschiedes in der ursprünglichen Vokalqualität, den gr. *πατέρ-ες*, *ἀνέρ-ες* (ep.) gegenüber *δώτορ-ες*, *ἔορ-ες* (Hesych) noch erkennen lassen : s. § 9.

Die Neutra zeigen in gleicher Weise wie die neutralen *i-* und *u*-Stämme (§§ 46, 48) Erweiterung um *-n-* vor vokalisch beginnenden Endungen : *dātṛ-ṇ-ā* wie *vāri-ṇ-ā*, *madhu-n-ā* usw.

7. Diphthongische Stämme

§ 54. Paradigmen *go-* m. f. 'Rind', *nau-* f. 'Schiff'.

Singular

N. V.	gauḥ	nauḥ
A.	gām	nāvam
I.	gavā	nāvā
D.	gave	nāve
Ab.	goḥ	nāvaḥ
G.	goḥ	nāvaḥ
L.	gavi	nāvi

Dual

N. V. A.	gāvau	nāvau
I. D. Ab.	gobhyām	naubhyām
G. L.	gavoḥ	nāvoḥ

Plural

N. V.	gāvaḥ	nāvaḥ
A.	gāḥ	nāvaḥ
I.	gobhiḥ	naubhiḥ
D.	gobhyaḥ	naubhyaḥ
Ab.	gobhyaḥ	naubhyaḥ
G.	gavām	nāvām
L.	goṣu	nauṣu

Vgl. Sing. *gauḥ*, *gām*, *gavi*, Plur. Gen. *gav-ām* mit gr. *βοῦς*, *βῶν* (homer., dor.; s. § 15), *βοΐ*, *βοῶν*; Sing. *nauḥ*, *nāvam*, *nāvaḥ*, *nāvi*, Plur. *nāvaḥ* (Nom. u. Akk.), *nāvām* mit gr. *ναῦς*/*νηῦς*, *νῆα* (lat. *nāvem*), *νηός* (lat. *nāv-is*), *νηΐ*, *νῆες*, *νῆας*, *νηῶν*.

§ 55. Ein Diphthongstamm zeigt sich auch in dem Nom.-Vok. Sing. *dyauḥ* f. 'Tag, Himmel'; in den übrigen Kasus hat dieses Wort die Stammform *div-* vor vokalisch, *dyu-* vor konsonantisch anlautenden Endungen: Sing. Gen. *div-aḥ*; Instr. Plur. *dyu-bhiḥ*.

Die vedische Sprache läßt das ererbte, altertümliche Paradigma deutlicher erkennen: zum Sing. Nom. *dyáuḥ* (= gr. *Ζεύς*) gehört dort der Akk. *dyā́m* (= gr. *Ζῆν*, lat. *diem*; § 15), Abl.-Gen. *dyóḥ* neben *diváḥ* (= gr. *Διός*), Lok. *dyávi* (= lat. *Iove*), Dual Nom.-Akk.-Vok. *dyā́vā*, Plur. Nom. *dyā́vaḥ*, Akk. *dyū́n*.

§ 56. Ein weiterer Diphthongstamm, *rai-* m. f. 'Besitz, Reichtum', wird in den Sanskrithandbüchern gelehrt. Doch kommt dieses Wort in der klassischen Sanskritliteratur nicht vor, die angeführte Flexion (Sing. Nom. *rāḥ*, Akk. *rāyam* usw.) erscheint nur bei Grammatikern; das Vedische hingegen kennt allein vorkonsonantisch *rayí-*, vorvokalisch *rāy-* (Sing. Nom. *rayí-ḥ*, Akk. *rayí-m*, Dat. *rāy-é*, Gen. *rāy-áḥ* usw.), die aus **reə̯-i-*, **reə-i̯-* (**reə-* = Wz. **rē-*, zu lat. *rēs*) überzeugend deutbar sind (§ 11, 1). Vgl. O. Szemerényi, Zeitschr. f. vergleichende Sprachforschung 73 (1956) 167ff., mit Lit.

8. Stämme auf Konsonant

§ 57. Bei aller Vielfalt konsonantischer Stammausgänge sind die Deklinationen dieser Klasse durch ein gemeinsames Endungssystem ausgezeichnet. Die Kasusendungen für die Maskulina und Feminina lauten:

	Singular	*Dual*	*Plural*
Nom.	-	-au	-aḥ
Vok.	-		
Akk.	-am		
Instr.	-ā	-bhyām	-bhiḥ
Dat.	-e		-bhyaḥ
Abl.	-aḥ		
Gen.		-oḥ	-ām
Lok.	-i		-su

Die Neutra zeigen im Nom.-Vok.-Akk. des Sing. keine Endung, im Dual *-ī*, im Plural *-i* (dazu meist vor dem stammschließenden Konsonanten Nasal oder Anusvāra; vgl. ferner § 60).

Es ist an die Konsonantenstämme der klassischen Sprachen zu erinnern, die gleichfalls hinter den verschiedenartigen Stammformen die nämlichen Endungen erkennen lassen: vgl. lat. *pēs, ped-is*; *consul, consul-is*; *nōmen, nōmin-is*; gr. *φύλαξ, φύλακ-ος*; *ποιμήν, ποιμέν-ος*; *νύξ, νυκτ-ός*, usw.

Zur Herkunft der konsonantenstämmigen Endungen: Im Nom. Sing. stand **-s*, das laut § 33, 7 nach Konsonanten schwinden mußte; vgl. lat. *pēs* < **pēd* + *s*. Akk. *-am* < **-m̥*, = gr. *-α* (*πόδ-α*), lat. *-em* (*ped-em*); Dat. *-e* = lat. *-ī*; Abl. Gen. *-aḥ* = gr. *-ος* bzw. lat. *-is*; Lok. *-i* = gr. *-ι* (Dat.), lat. *-e* (Abl.). — Plur. Nom. *-aḥ* = gr. *-ες*; Akk. *-aḥ* < **-n̥s* = gr. *-ας*, lat. *-ēs*; Gen. *-ām* = gr. *-ων*, lat. *-um*.

§ 58. Bei mehreren Stämmen finden wir das Prinzip der Stammabstufung. Dabei ist in starke Kasus (= *Nom.*

Vok. Akk. Singular, Nom. Vok. Akk. Dual, Nom. Vok. Plural), mittlere (= *Instr. Dat. Abl. Dual, Instr. Dat. Abl. Lok. Plural*) und schwächste Kasus (*die übrigen*) zu scheiden. Manche Stämme unterscheiden nur zwischen starken und schwachen Kasus; unter letzteren sind die 'mittleren' und 'schwächsten' Kasus der dreifachen Abstufung zusammenzufassen.

Das Prinzip der Stammabstufung, des Ablautes (§ 36) innerhalb eines Paradigmas, ist indogermanisches Erbe: vgl. gr. *κύ-ων* Sing. Nom., *κύ-ον* Vok., *κυ-ν-ός* Gen. 'Hund', got. *nam-ō* Sing. Nom., *nam-in* Dat., *nam-n-ē* Plur. Gen. 'Name', u. dgl.

§ 59. Stämme ohne Abstufung.

Paradigmen *marut-* m. 'Wind', *vāc-* f. 'Wort, Stimme', *jagat-* n. 'Welt'.

		Singular	
Nom.-Vok.	marut	vāk	jagat
Akk.	marutam	vācam	jagat
Instr.	marutā	vācā	jagatā
Dat.	marute	vāce	jagate
Abl.-Gen.	marutaḥ	vācaḥ	jagataḥ
Lok.	maruti	vāci	jagati
		Dual	
N. V. A.	marutau	vācau	jagatī
I. D. Ab.	marudbhyām	vāgbhyām	jagadbhyām
G. L.	marutoḥ	vācoḥ	jagatoḥ
		Plural	
N. V. A.	marutaḥ	vācaḥ	jaganti
Instr.	marudbhiḥ	vāgbhiḥ	jagadbhiḥ
Dat. Abl.	marudbhyaḥ	vāgbhyaḥ	jagadbhyaḥ
Gen.	marutām	vācām	jagatām
Lok.	marutsu	vākṣu	jagatsu

Es ist also das Endungssystem von § 57 anzuwenden, einzelne Lautgesetze sind zu beachten : Assimilation von *-t* an eine stimmhaft anlautende Endung : *marud-bh°*, *jagad-bh°*, § 33 Ende; *-k* für *-c-* im absoluten Auslaut (§ 33, 7) und vor *-su*, das nach § 25 zu *-ṣu* wird, bzw. seine Assimilation in *vāg-bh°*. — Analog flektieren : *upaniṣad-* f. 'Upaniṣad', Sing. N. *upaniṣat* (§ 33, 7), A. *upaniṣad-am*, Plur. I. *upaniṣad-bhiḥ*, L. *upaniṣat-su*; *sraj-* f. 'Kranz', Sing. N. *srak* (§ 33, 7), A. *sraj-am*, Plur. I. *srag-bhiḥ*, L. *srak-ṣu*; *diś-* f. 'Himmelsrichtung', Sing. N. *dik* (§ 33, 7), A. *diś-am*, Plur. I. *dig-bhiḥ*, L. *dik-ṣu*; *dviṣ-* m. 'Feind' : *dviṭ*, *dviṣam*, *dviḍbhiḥ*, *dviṭsu*; u. a. m.

Bei (*kāma-*)*duh-* '(Wünsche) melkend', Sing. N. *°dhuk*, A. *°duh-am* sind § 30, 2 und 33, 7 heranzuziehen.

Einsilbler auf *°r-*, wie *gir-* f. 'Rede', *pur-* f. 'Stadt', zeigen Langvokal im Nom. Sing. und in den Kasus mit konsonantisch anlautenden Endungen : Sing. N. *gīḥ* (*-r*), A. *gir-am*, Plur. I. *gīr-bhiḥ*, G. *gir-ām*, L. *gīr-ṣu*; *pūḥ*, *pur-am*, *pūr-bhiḥ*, *pur-ām*, *pūr-ṣu*.

Geschichtliche Erklärung dieses Phänomens nach § 13 : **gᵘr̥̄-s* 'Lied' (zu **gᵘerə-* 'singen' > ved. *jari-tár-* m. 'Sänger'), **gᵘr̥̄-bh°* ergaben lautgesetzlich *gīḥ*, *gīr-bh°*, **gᵘr̥-ə-es* aber *gir-aḥ*; gleiches gilt für **pl̥̄-* > *pur-* 'Burg, Stadt'.

§ 60. Einstämmig sind auch die Neutra auf *-as-*. Paradigma *manas-* n. 'Geist, Sinn'.

	Singular	*Dual*	*Plural*
N. V. A.	manaḥ	manasī	manāṁsi
Instr.	manasā	manobhyām	manobhiḥ
Dat.	manase	manobhyām	manobhyaḥ
Abl.	manasaḥ	manobhyām	manobhyaḥ
Gen.	manasaḥ	manasoḥ	manasām
Lok.	manasi	manasoḥ	manaḥsu

Zu beachten sind : *-o-* für *-as-* (über **-az-*) vor *-bh°*, s. §§ 14 und 33 Ende; die Vokallänge im N. V. A. Plur. *man-ā-ṁ-s-i*. Vgl. *manaḥ*, *manas-aḥ*, *manas-i* mit gr. μένος, μένε-ος (μένους), μένε-ϊ, bzw. lat. *genus* n. 'Geschlecht', *gener-is*, *gener-e* (ai. *-s-* = gr. -, lat. *-r-*, § 26).

Maskulina und Feminina auf *-as-* bilden den Nom. Sing. auf *-āḥ*; vgl. daher von *su-manas-* adj. 'wohlgesinnt':

	Singular	*Dual*	*Plural*
Nom.	sumanāḥ	sumanasau	sumanasaḥ
Vok.	sumanaḥ	sumanasau	sumanasaḥ
Akk.	sumanasam	sumanasau	sumanasaḥ
Instr.	sumanasā		
	(usw., wie *manas-*).		

Auch hierin herrscht Übereinstimmung mit dem Griechischen : vgl. *°manāḥ*, *-aḥ*, *-asam*, *-asaḥ* mit gr. εὐ-μενής, -ες, -έα, -έες, -έας.

§ 61. Die Neutra auf *-iṣ-* und *-uṣ-*, wie *jyotiṣ-* 'Licht', *cakṣuṣ-* 'Auge', flektieren analog zu *manas-* : Sing. N. V. A. *jyotiḥ*, *cakṣuḥ*, Instr. *jyotiṣ-ā*, *cakṣuṣā*, Dual. Nom. V. A. *jyotiṣī*, Plur. N. V. A. *jyotīṁṣi*, usw. — Maskulina und Feminina auf *-iṣ-*, *-uṣ-* weichen von den Neutra nur in Übereinstimmung mit dem Endungssystem ab (§ 57) : vgl. *a-cakṣuṣ-* adj. 'ohne Augenlicht, blind', Sing. Nom.-Vok. *acakṣuḥ*, Akk. *acakṣuṣam*, Dual N. V. A. *acakṣuṣau*, Plur. N. V. A. *acakṣuṣaḥ*.

§ 62. Abstufende Stämme. Die Partizipia Praesentis haben zwei Stämme, einen starken (§ 58) auf *-ant-*, einen schwachen auf *-at-*. Daher *bharant-* 'tragend':

	Singular	*Dual*	*Plural*
N. V.	bharan	bharantau	bharantaḥ
Akk.	bharantam	bharantau	bharataḥ
Instr.	bharatā	bharadbhyām	bharadbhiḥ
		usw.	
Neutr. N. V. A.	bharat	bhara(n)tī	bharanti

Vgl. die *nt*-Partizipia der verwandten Sprachen; daher ai. *bharantam*, *-antaḥ* = gr. *φέροντα*, *-οντες*; s. lat. *ferens*, got. *baírands*, usw.

Reduplizierte Partizipia (wie *dadat-* 'gebend') bilden alle Kasus vom *schwachen* Stamm. Nom. V. A. Plur. Neutri: *dadati* und *dadanti*.

Das Femininum zu den Partizipien des Präsens lautet auf *-ī*, das in der Regel bei den thematischen Verben (§ 83) an den starken, bei den athematischen (§ 86) an den schwachen Stamm tritt; Deklination nach § 50.

Weitere *nt*-Bildungen:

mahānt- 'groß': Starker Stamm *mahānt-*, schwacher *mahat-*; Vok. Sing. *mahan*.

Wörter auf *-mant-* und *-vant-* (*mūrtimant-* 'Form habend', *bhagavant-* 'erhaben') flektieren wie *bharant-*, bilden aber den Nom. Sing. auf *-mān*, *-vān*; ebenso *bhavant-*,'Verehrlicher, Euer Gnaden, Sie', eine mit der 3. Person des Verbs konstruierte Anredeform.

Diese Anredeform ist wohl durch innere Kürzung (etwa wie engl. *miss* < *mistress*, franz. *sire* < *senior*) aus *bhagavant-* 'erhaben' entstanden: daher die Flexionsgleichheit mit den Adjektiven auf *-vant-*, *-mant-*.

Vedische Nebenformen zu *nt*-Bildungen: N. V. A. Dual *-ant-ā* neben *-ant-au*; Plur. N. V. A. neutr. *sánti* 'seiende', *paśumánti* (: *paśu-mánt-* 'Vieh habend'); Sing. Vok. m. zu den Wörtern auf *-mant-*, *-vant-*: *-maḥ*, *-vaḥ*.

§ 63. Die Komparative auf *-īyāṁs-* (§ 72) sind ebenfalls zweistämmig und haben als schwachen Stamm *-īyas-*: Sing. Nom. *garīyān* 'der schwerere', Akk. *garīyāṁs-am*, Instr. *garīyas-ā*, Plur. Instr. *garīyo-bhiḥ*[14]) usw.

§ 64. Die Adjektiva auf *-añc-* sind z. T. zweistämmig, wie *prāñc-* 'östlich', schwacher Stamm *prāc-*; *avāñc-* 'ab-

[14]) *-o-* aus *-az-* nach §§ 14, 33 (Ende).

wärts', schwacher Stamm *avāc-*; z. T. dreistämmig, vgl. *udañc-* 'nördlich', m(ittlerer Stamm) *udac-*, schw(ächster Stamm) *udīc-*; *pratyañc-* 'westlich', m. *pratyac-*, schw. *pratīc-*; *nyañc-* 'niedrig', m. *nyac-*, schw. *nīc-*; *anvañc-* 'folgend', m. *anvac-*, schw. *anūc-*; *tiryañc-* 'seitwärtsgehend', m. *tiryac-*, schw. *tiraśc-* : Sing. Nom. *prāṅ*, *pratyaṅ*, Instr. *prācā*, *pratīcā*, Plur. Instr. *prāgbhiḥ*, *pratyagbhiḥ*, usw.

Zur sprachgeschichtlichen Erklärung s. Wackernagel-Debrunner, Altind. Grammatik III (1930) 229ff.; W. Morgenroth, Archiv Orientální 29 (1961) 575ff., mit Lit.

n-Stämme

§ 65. Paradigmen *rājan-* m. 'König', *nāman-* n. 'Name'.

Singular

Nom.	rājā	nāma
Vok.	rājan	nāma
Akk.	rājānam	nāma
Instr.	rājñā[15]	nāmnā
Dat.	rājñe	nāmne
Abl.	rājñaḥ	nāmnaḥ
Gen.	rājñaḥ	nāmnaḥ
Lok.	rājñi, rājani	nāmni, nāmani

Dual

N. V. A.	rājānau	nāmnī, nāmanī
I. D. Ab.	rājabhyām	nāmabhyām
G. L.	rājñoḥ	nāmnoḥ

Plural

Nom.	rājānaḥ	nāmāni
Vok.	rājānaḥ	nāmāni
Akk.	rājñaḥ	nāmāni

---

[15]) *-n-*, welches unmittelbar hinter *-j-* gerät, wird lautgesetzlich *-ñ-*.

Instr.	rājabhiḥ	nāmabhiḥ
Dat.	rājabhyaḥ	nāmabhyaḥ
Abl.	rājabhyaḥ	nāmabhyaḥ
Gen.	rājñām	nāmnām
Lok.	rājasu	nāmasu

Es endigt also der starke Stamm auf *-ān-*, der mittlere auf *-a-*, der schwächste auf *-n-*.

Sprachgeschichtlich ist das *-a-* des mittleren Stammes (*rāj-a-bhiḥ*) natürlich auf **-n̥-* zurückzuführen (§ 8); *rāj-a-* und *rāj-ñ-* sind also ursprungsgleich.

Wörter, in denen mehr als ein Konsonant dem *-an-* vorausgeht, wie z. B. *ātman-* m. 'Seele', *brahman-* n. 'Brahman', zeigen in den schwächsten Kasus die Stammform *-an-* statt *-n-*: Sing. Instr. *ātmanā*, *brahmaṇā* (§ 20), usw.

Damit sind strukturwidrige Formen wie **ātmnā* vermieden worden.

Die Götternamen *Pūṣan-* m. und *Aryaman-* m., ferner Komposita auf *-han-* 'tötend' (wie *vṛtra-han-* 'Vṛtra-Töter') zeigen im Sing. Akk., Dual Nom.-Vok.-Akk. und Plur. Nom. kurzvokalisches *-an-* des Stammauslauts: *Pūṣaṇam*, *vṛtra-haṇam*. Die Bildungen auf *-han-* kommen in klass. Sprache vorwiegend im Nom. Sing. vor; vereinzelte Belege 'schwächster' Kasus zeigen durchgeführte Vollstufe: Sing. Instr. *vṛtra-haṇā*, Gen. *brahma-haṇaḥ* 'des Brahmanentöters'.

In ved. Sprache war dem ein ablautendes Paradigma vorausgegangen, z. B. Sing. Nom. *vṛtra-hā́*, Akk. *-háṇam*, Dat. *-ghné*, Gen. *-ghnáḥ* usw. (*-gh-*: § 27). Doch ist dies — bis auf singuläres *-ghnaḥ* bei Manu — nicht mehr Sanskritgebrauch.

Die Wörter *śvan-* m. 'Hund', *maghavan-* m. 'Indra', *yuvan-* 'jung, Jüngling' flektieren wie *rājan-*, ihre schwächsten Kasus haben die Stammformen *śun-*, *maghon-*, *yūn-*: Sing. Nom. *śvā*, *maghavā*, *yuvā*, Vok. *śvan*, *maghavan*, *yuvan*, Akk. *śvānam*, *maghavānam*, *yuvānam*, Instr. *śunā*, *maghonā*, *yūnā*, usw.

Aus vedischer Sprache ist an Nebenformen bei den *-an*-Stämmen erwähnenswert: 1. das Vorkommen 'endungsloser' Lokative (ohne *-i*), z. B. *mūrdhán* 'auf dem Haupte' neben *mūrdháni*; 2. neutrale Nom.-Vok.-Akk. Plur. auf *-ā*, *-a*: *nā́mā*, *nā́ma* neben *nā́māni*; 3. Dual Nom.-Vok.-Akk. (*-ān*)*-ā* neben *-au*; s. bes. *yū́nā* neben *yúvānā*.

Zum Vergleich sind die *n*-Stämme der verwandten Sprachen, wie lat. *homo*, *homin-is*, got. *guma*, *gumin-s*, heranzuziehen. Die dreifache Stammabstufung des Ai. ist idg. Erbe: vgl. ai. *-ān-*, *-an-* und *-n-*/*-a-* (< **-n̥-*) mit gr. *ποι-μήν*, *ποι-μέν-ος*, *ποί-μν-η* und *ποιμαίνω* < **ποι-μn̥-i̯ω*. Ai. *-ān-* in *rāj-ān-am*, *-ān-au*, *-ān-aḥ* dürfte freilich nicht idg. Länge, sondern **-ŏ-* nach § 9 sein; die Endungen entsprächen also gr. (*τέκτ*)*ονα*, *-ονες* und stehen *-han-am*, *-han-aḥ* gegenüber, die wegen *h* nur aus **gʷhen-m̥*, *-es* erklärbar sind (§ 27). Analoges s. § 53.

Die gleichen Ablautformen nach *-v-*, ai. *-vān-*, *-van-*, *-un-*, *-va-*, idg. *-u̯ōn-*, *-u̯on-*, *-un-*, *-u̯n̥-*, erklären ai. *śvān-*, *śvàn*, *śun-*, *śva-*, gr. *κύων*, *κύον*, *κυν-*, aber auch *magha-van-*: **magha-un-* (> *maghon-* § 14), *yuvan-*: *yūn-* (**yu-un-*).

§ 66. Teilweise Flexion nach den *-n*-Stämmen zeigt das Wort für 'Weg, Pfad': Sing. Akk. *panthānam*, Plur. Nom.-Vok. *panthānaḥ*; der Nom. Sing. lautet *panthāḥ*, die mittleren Kasus werden von *pathi-* (z. B. Plur. Instr. *pathibhiḥ*), die schwächsten von *path-* (Sing. Gen. *pathaḥ*) gebildet.

ahan- n. 'Tag' bildet den Nom.-Vok.-Akk. Sing. von einem Stamm *ahar-*, die mittleren Kasus von *ahas-*: Sing. Nom. *ahaḥ* (*-r*), Instr. *ahnā*, Plur. Instr. *aho-bhih* (< **ahaz-bh°*, § 14), Lok. *ahaḥ-su*.

Zu erwähnen sind auch die Nomina mit gemischter *-i-* und *-n*-stämmiger Flexion, o. § 47.

Die (freilich schon alte) *-n*-Form *panthān-* ist durch Einfluß des Synonyms *adhvan-* 'Weg' entstanden; die älteste ved. Flexion lautet Sing. N. *pánthāḥ*, Akk. *pánthām*, Gen. *patháḥ*, Plur. I. *pathíbhiḥ* und setzt ein archaisches Paradigma **pónt-ēs*, **pónt-ē-m*, **pn̥t-ə̥-és*, **pn̥t-ə-bhis* fort, s. § 11, 2. Die Grammatiker, nicht aber die Texte, kennen noch gleichflektierendes *manthān-* 'Quirl' und *r̥bhukṣān-* 'ein göttliches Wesen'. — Auch *ahan-*/*ahar-*/*ahas-* ist ein Archaismus: ein 'Heterokliton', etwa von der Art des lat. *femur*, *femin-is* u. dgl.

§ 67. Stämme auf -in-: Paradigma *hastin*- m. 'Elefant'.

	Singular	*Dual*	*Plural*
Nom.	hastī	hastinau	hastinaḥ
Vok.	hastin	hastinau	hastinaḥ
Akk.	hastinam	hastinau	hastinaḥ
Instr.	hastinā	hastibhyām	hastibhiḥ
Dat.	hastine	hastibhyām	hastibhyaḥ
Abl.	hastinaḥ	hastibhyām	hastibhyaḥ
Gen.	hastinaḥ	hastinoḥ	hastinām
Lok.	hastini	hastinoḥ	hastiṣu

Die Neutra von Adjektiven auf *-in-* (*balin-* 'mächtig') weichen in folgenden Kasus von den Mask. ab: Sing. N. A. *bali*, V. *bali*, *balin*; Dual N. V. A. *balinī*; Plur. N. V. A. *balīni*.

Das Femininum solcher Adjektiva endigt auf *-ī*: *balin-ī*; Flexion nach § 50.

-in- ist eigentlich Schwundstufe zu einem Stammbildungssuffix ai. *-yan-* (: lat. *leg-iōn-*), ved. wohl noch in *kan-yán-ām* 'eine Jungfrau' erhalten; doch ist der alte Ablaut ganz verschwunden, und *-ī*, *-i-bhiḥ*, *-īni* usw. sind nach dem echt-ablautenden Muster von *-ā*, *-a-bhiḥ* (< **-n̥-*), *-āni* (§ 65) geschaffen worden.

Ved. Sprache: Nom.-Vok.-Akk. Dual *-in-ā* neben *-in-au*.

§ 68. Die Partizipia Perfekti Aktivi auf *-vas-* (*vidvas-* 'wissend') zeigen als starken Stamm *vidvāṁs-* (Sing. Nom. *vidvān*, Vok. *vidvan*, Akk. *vidvāṁs-am*), als mittleren *vidvat-* (Plur. Instr. *vidvadbhiḥ*, Lok. *vidvatsu*), als schwächsten *viduṣ-* (Sing. Instr. *viduṣā*). Neutr. Nom. Sing. *vidvat*, Dual *viduṣī*, Plur. *vidvāṁsi*. Fem. *viduṣī-* (dekliniert nach § 50).

Im Vedischen hat der Vok. Sing. m. den Ausgang *-vaḥ* neben *-van*.

Vgl. gr. *εἰδώς*, *εἰδότ-ος* (Ϝειδ-Ϝότ-) 'wissend', got. *weit-wōd-* m. 'Zeuge' (: ai. *vid-vat-*, *vid-vā[ṁ]s-*), f. homer. *ἰδυῖα* < * Ϝιδυσ-ια (= *viduṣ-ī*).

§ 69. *ap-* f. 'Wasser' ist im Sanskrit ein Plurale tantum: Nom. *āp-aḥ*, Akk. *ap-aḥ*, Instr. *ad-bhiḥ*, Dat.-Abl. *ad-bhyaḥ*, Gen. *ap-ām*, Lok. *ap-su*.

Vedisch kommen vereinzelt auch Singular-Formen (Instr. *ap-ā́*, Gen. *ap-áḥ*) vor. — *ad-bh°* ist dissimiliert für **ab-bh°*, **ap-bh°*.

§ 70. *puṁs-* m. 'Mann' hat als starken Stamm *pumāṁs-*, als mittleren *pum-*, als schwächsten *puṁs-* : Sg. Nom. *pumān*, Vok. *puman*, Akk. *pumāṁs-am*, Instr. *puṁs-ā*, Plur. Instr. *pum-bhiḥ*.

anaḍ-vah- m. 'Ochse' hat den starken Stamm *anaḍvah-*, aber Sing. Nom. *anaḍvān*, Vok. *anaḍvan*; mittlerer Stamm *anaḍut-*; schwächster *anaḍuh-*.

Steigerung der Adjektiva

§ 71. Das gewöhnliche Suffix für den Komparativ lautet *-tara-* (f. *-tarā-*), für den Superlativ *-tama-* (f. *-tamā-*); diese Suffixe treten an den reinen Stamm des Adjektivs, bei zweifacher Stammabstufung an den schwachen, bei dreifacher an den mittleren Stamm (§ 58). Beispiele:
priya- 'lieb' (§ 41) : Komp. *priya-tara-*, Sup. *priya-tama-*;
mahānt- 'groß' (§ 62) : Komp. *mahat-tara-*, Sup. *mahat-tama-*;
vidvas- 'wissend' (§ 68) : Komp. *vidvat-tara-*, Sup. *vidvat-tama-*.
Flexion der Steigerungsformen nach § 41.

In ved. Sprache kommt auch die Verwendung der schwächsten Stammform vor: *vidúṣ-ṭara-* Komp.
Vgl. mit *-tara-* gr. *πιστό-τερο-ς*, mit *-tama-* v. a. lat. *in-timus*, *ul-timus*.

§ 72. Eine seltenere Komparationsweise fügt die Suffixe *-īyāṁs-* für den Komparativ, *-iṣṭha-* (f. *-iṣṭhā-*) für den Superlativ direkt an die dem Adjektiv zugrundeliegende Wurzel, meist in deren hochstufiger Form. Vgl.:
alpa- 'wenig, klein' : Komp. *alp-īyāṁs-*, Sup. *alp-iṣṭha-*;
mṛdu- 'weich' : Komp. *mrad-īyāṁs-*, *mrad-iṣṭha-*;
yuvan- 'jung' : Komp. *yav-īyāṁs-*, *yav-iṣṭha-*;
kṣipra- 'rasch' : Komp. *kṣep-īyāṁs-*, *kṣep-iṣṭha-*; usw.

Flexion der Komparative nach § 63, der Superlative nach § 41.

Neben *-īyāṁs-*, *-īyas-* steht in älterer Sprache noch *-yas-* (ved. *náv-yas-* 'neuer'), Fortsetzer eines reich ablautenden idg. *-i̯es-*, *-i̯os-*, Dehnstufe *-i̯ōs-*, Schwundstufe *-is-* (§ 36), vgl. lat. *ma-ies-tas*, *ma-ius*, *ma-iōr-em*, *mag-is*; speziell zu *-ī-yas-* stellt sich gr. *ἡδ-ίω*, *ἡδ-ίους*. — Sup. *-iṣṭha-* = gr. *ἥδ-ιστο-ς*, got. *reik-ist-s* 'mächtigster', nhd. *-est.*

2. Das Pronomen

§ 73. Personalpronomina:

	1. Person	2. Person
	Singular	
	'ich'	'du'
Nom. V.	aham	tvam
Akk.	mām, mā[16])	tvām, tvā
Instr.	mayā	tvayā
Dat.	mahyam, me	tubhyam, te
Abl.	mat	tvat
Gen.	mama, me	tava, te
Lok.	mayi	tvayi
	Dual	
	'wir beide'	'ihr beide'
N. V. A.	āvām	yuvām
I. D. Ab.	āvābhyām	yuvābhyām
G. L.	āvayoḥ	yuvayoḥ
	Plural	
	'wir'	'ihr'
Nom. V.	vayam	yūyam
Akk.	asmān, naḥ	yuṣmān, vaḥ
Instr.	asmābhiḥ	yuṣmābhiḥ

16) Die zweitgeschriebenen Formen (*mā*, *tvā*, *naḥ* usw.) sind *Enklitika.*

Dat.	asmabhyam, naḥ	yuṣmabhyam, vaḥ
Abl.	asmat	yuṣmat
Gen.	asmākam, naḥ	yuṣmākam, vaḥ
Lok.	asmāsu	yuṣmāsu

Enklitikon für den Akk. Dat. Gen. Dual der 1. Person: *nau*, 2. Person: *vām*.

Als Stämme werden — auf Grund des Verhaltens in der Komposition (§ 141) — *mad-* für 'ich', *asmad-* für 'wir', *tvad-* für 'du', *yuṣmad-* für 'ihr' angesetzt.

Statt der 2. Person des Personalpronomens wird bei höflicher Anrede *bhavant-* gebraucht, s. § 62, S. 51.

Sonderformen der älteren Sprache: 2. Pers. Sing. Instr. *tvā́*, Lok. *tvé*; Plur. Dat.-Gen.-Lok. 1. Pers. *asmé*, 2. Pers. *yuṣmé*; Dual Nom. 1. P. *āvám*, 2. P. *yuvám*; Instr. 2. P. *yuvábhyām*; Abl. 1. P. *āvát*, 2. P. *yuvát*; Gen.-Lok. 2. P. *yuvóḥ*.

Vgl. *ah-am*, *mām*, *mahy-am* mit lat. *ego*, *me*, *mihi*; Enkl. *me* = gr. *μοι*; *tv-am*, *tubhy-am* ~ lat. *tu*, *tibi*; Enkl. *te* = gr. *τοι*; *vay-am* ~ got. *wei-s*, nhd. *wir*; *asma°* = urgriech. **ἀσμέ* > äol.-homer. *ἄμμε*, jon.-att. *ἡμέας*; Enkl. *naḥ* ~ lat. *nōs*, got. nhd. *uns* (**n̥s*); *yū-yam* ~ got. *jus*; *y-uṣma°* = urgriech. **ὐσμέ-* > äol.-homer. *ὔμμε*, jon.att. *ὑμέας*; Enkl. *vaḥ* ~ lat. *vōs*.

Demonstrativa

§ 74. Stamm *tad-* 'dieser, er'.

	Singular		*Dual*	
	m.	*f.*	*m.*	*f.*
Nom.	saḥ	sā	tau	te
Akk.	tam	tām	tau	te
Instr.	tena	tayā	tābhyām	
Dat.	tasmai	tasyai	tābhyām	
Abl.	tasmāt	tasyāḥ	tābhyām	
Gen.	tasya	tasyāḥ	tayoḥ	
Lok.	tasmin	tasyām	tayoḥ	

Plural

	m.	*f.*
Nom.	te	tāḥ
Akk.	tān	tāḥ
Instr.	taiḥ	tābhiḥ
Dat.	tebhyaḥ	tābhyaḥ
Abl.	tebhyaḥ	tābhyaḥ
Gen.	teṣām	tāsām
Lok.	teṣu	tāsu

Neutrum N. A. Sing. *tat*, Dual *te*, Plural *tāni*, sonst wie im Mask.

Ebenso geht *etad-* 'dieser': *eṣaḥ*[17]), *eṣā*, *etat*, Akk. *etam*, *etām*, *etat* usw.

Der Nom. Sing. m. *saḥ* (*eṣaḥ*) lautet so nur in Pausa; im Sandhi vor *a-* erscheint *so*, *eṣo*, und *a-* wird elidiert (§ 33, 12 c). Vor allen übrigen Anlauten steht *sa*, *eṣa*; ein eventueller Hiat bleibt bestehen.

Nebenformen der vedischen Sprache: m. Sing. Instr. *ténā*, Lok. *sásmin*, Dual Nom.-Akk. *tā́*, Plur. Instr. *tébhiḥ*; n. Plur. Nom.-Akk. *tā́*.

Ai. *sa* (diese im Sandhi [s. o.] bevorzugte Form ist altertümlicher als die Pausaform *saḥ*) = gr. ὁ, got. *sa*; Akk. *tam* = gr. τόν, got. *þan-a* : der ai. Wechsel zwischen *sa-* und *ta*-Stamm in diesem Paradigma ist also idg. Erbe. — Vgl. weiter: ai. *tasm*° ∼ got. *þamma*; *tasya* = gr. τοῖο; f. *sā* = gr. ἡ, got. *sō*; Akk. *tām* = gr. τήν, got. *þō*; *tasyai*, *tasyāḥ* ∼ got. *þizai*, *þizōs*; n. *tat* = gr. τό, lat. *is-tud*, got. *þat-a*. Plur. m. *te* = gr. dor. τοί, got. *þai*; f. Gen. *tāsām* = lat. *is-tārum*; u. a. m.

§ 75. Von einem Demonstrativum *ena-* 'jener, er' sind nur erhalten: die Akkusative der drei Zahlen (Sing. *enam* m., *enām* f., *enat* n.; Dual *enau*, *ene*, *ene*; Plur. *enān*, *enāḥ*, *enāni*), der Instrumental Sing. (*enena*, *enayā*) und der Gen.-Lok. Dual (*enayoḥ*).

---

17) Vgl. § 25.

In ved. Sprache: Gen.-Lok. Dual *enoḥ*.

§ 76. Stamm *idam-* 'dieser'.

	Singular m.	*Singular* f.	*Dual* m.	*Dual* f.
Nom.	ayam	iyam	imau	ime
Akk.	imam	imām	imau	ime
Instr.	anena	anayā	ābhyām	
Dat.	asmai	asyai	ābhyām	
Abl.	asmāt	asyāḥ	ābhyām	
Gen.	asya	asyāḥ	anayoḥ	
Lok.	asmin	asyām	anayoḥ	

Plural

	m.	f.
Nom.	ime	imāḥ
Akk.	imān	imāḥ
Instr.	ebhiḥ	ābhiḥ
Dat.	ebhyaḥ	ābhyaḥ
Abl.	ebhyaḥ	ābhyaḥ
Gen.	eṣām	āsām
Lok.	eṣu	āsu

Neutrum N. A. Sing. *idam*, Dual *ime*, Plur. *imāni*, sonst wie im Mask.

Nebenformen der ved. Sprache: Sing. Instr. m. n. *enā́*, f. *ayā́*; Gen. m. n. *imásya*; Dual m. Nom.-Akk. *imā́*; Gen.-Lok. *ayóḥ*; Plur. Nom.-Akk. n. *imā́*.

Ai. *ay-am*, *iy-am*, *id-am* gehören zu dem idg. Pronominalstamm von lat. *i-s*, *i-d* (= ai. *id-am*); dazu auch der Akk. *im-am*, ursprünglich **i-m* + *-am*, von dem ein 'Stamm *ima-*' früh abstrahiert wurde: daher *imām*, *imau*, *ime*, *imān* u. dgl. — Andere Kasus bauen auf ai. Stämmen *a-* und *ana-* auf.

§ 77. **Stamm** *adas-* 'jener'.

	Singular m.	*Singular* f.	*Dual* m. f. n.
Nom.	asau	asau	amū
Akk.	amum	amūm	amū
Instr.	amunā	amuyā	amūbhyām
Dat.	amuṣmai	amuṣyai	amūbhyām
Abl.	amuṣmāt	amuṣyāḥ	amūbhyām
Gen.	amuṣya	amuṣyāḥ	amuyoḥ
Lok.	amuṣmin	amuṣyām	amuyoḥ

	Plural m.	*Plural* f.
Nom.	amī	amūḥ
Akk.	amūn	amūḥ
Instr.	amībhiḥ	amūbhiḥ
Dat.	amībhyaḥ	amūbhyaḥ
Abl.	amībhyaḥ	amūbhyaḥ
Gen.	amīṣām	amūṣām
Lok.	amīṣu	amūṣu

Das Neutrum weicht nur im N. A. Sing. *adaḥ* und Plural *amūni* vom Mask. ab.

Im Vedischen kommt der Nom.-Akk. Plur. n. auch in der Form *amū́* vor.

Mit *a-sau* vgl. gr. *οὗ-τος*, *αὕ-τη*. Die sprachgeschichtliche Deutung des übrigen ist kompliziert: s. Chr. Hauri, Zeitschr. f. vergleichende Sprachforschung 78 (1963) 115ff. und die dort genannte Lit.

§ **78.** Die meisten weiteren Pronomina werden wie *tad-*, § 74, abgewandelt:

1. Das Relativum *yad-* 'welcher' : Sing. Nom. m. *yaḥ*, f. *yā*, n. *yat*, Akk. *yam*, *yām*, *yat*, Instr. *yena*, usw.

Identisch mit gr. *ὅς*, *ἥ*, *ὅ*.

2. Das Interrogativum *kim-* 'welcher, wer?': Sing. Nom. *kaḥ*, *kā*, im Neutr. abweichend *kim*; Akk. *kam*, *kām*, *kim*; Instr. *kena*, usw. — Durch Anfügung von *cit*, *cana* oder *api* an die Formen des Interrogativums entstehen Indefinita: Sing. Nom. m. *kaś-cit*, *kaś-cana*, *ko 'pi* 'irgendeiner' (§ 33, 12a, c), n. *kiṁ-cit*, *kiṁ-cana*, *kim-api* 'irgendetwas'.

Ai. *ka-* = idg. *q^{u}o- in lat. *quo-d*, got. *ƕas* 'wer'.

3. Die Pronominal-Adjektiva *anya-* 'anderer', *itara-* 'anderer'.

Mit dem Nom.-Akk. Sing. n. auf *-am*, sonst aber nach § 74, werden folgende Pronomina bzw. Pronominal-Adjektiva und Numeralia dekliniert: *eka-* 'ein' (*ekaḥ*, *ekā*, *ekam*; § 79); *ekatara-* 'einer von zweien'; *ubhaya-* (f. *-ī-*) 'beide'; *viśva-* 'ganz'; *sarva-* 'all'; ebenso die folgenden, die aber den Abl. Lok. Sing. m. n. und Nom. Plur. m. auch nach den *a*-Stämmen (§ 39) bilden können; *adhara-* 'unterer' (Nom. Plur. m. *adhare* und *adharāḥ* usw.), *antara-* 'innerer', *apara-* 'anderer', *avara-* 'hinterer, westlicher', *dakṣiṇa-* 'rechts', *para-* 'später', *pūrva-* 'früher', *sva-* 'eigen, sein', *uttara-* 'oberer'.

3. Das Zahlwort

§ 79. Kardinalia

1. *eka-* 'eins' flektiert nach § 78/3.

2. *dvi-* 'zwei': dualische Flexion, N. V. A. m. *dvau*, f. n. *dve*; I. D. Ab. *dvābhyām*, G. L. *dvayoḥ*.

Ved. neben *d(u)váu* auch *d(u)vā́*; = gr. homer. δύω, lat. *duo*.

3. *tri-* 'drei' hat folgende Flexion:

	m.	*n.*	*f.*
N. V.	trayaḥ	trīṇi	tisraḥ
Akk.	trīn	trīṇi	tisraḥ
Instr.	tribhiḥ		tisṛbhiḥ
Dat. Abl.	tribhyaḥ		tisṛbhyaḥ
Gen.	trayāṇām		tisṛṇām
Lok.	triṣu		tisṛṣu

Ved. Nebenformen: Nom.-Akk. n. *trī́*; Gen. m. *trīṇā́m*.

Ai. *trayaḥ* = gr. τρεῖς, lat. *trēs*, got. *þreis*; ved. *trī́* = aksl. *tri*; *tribhyaḥ*, *triṣu* ∼ lat. *tribus*, gr. τρισί. — Die Feminina *tisr°* (für **tri-sr°*) und *catasr°* (s. d. Folg.) setzen Archaismen fort, die nur in den 'Randsprachen' der Indogermania, dem Indo-Iranischen und Keltischen, vorkommen; vgl. altirisch *teoir* 'drei (f.)', *cetheoir* 'vier (f.)'.

4. *catur-* 'vier' flektiert so:

	m.	*n.*	*f.*
N. V.	catvāraḥ	catvāri	catasraḥ
Akk.	caturaḥ	catvāri	catasraḥ
Instr.	caturbhiḥ		catasṛbhiḥ
Dat. Abl.	caturbhyaḥ		catasṛbhyaḥ
Gen.	caturṇām		catasṛṇām
Lok.	caturṣu		catasṛṣu

Verwandt mit gr. τέτταρες, τέσσαρες, lat. *quattuor* usw.; über die besondere Femininbildung s. das Vorige.

5. *pañca* 'fünf' lautet im N. V. A. *pañca*, Instr. *pañcabhiḥ*, D. Ab. *pañcabhyaḥ*, G. *pañcānām*, L. *pañcasu*.

Wie das Fehlen einer Endung im N. V. A. und die noch fakultative Verwendung der flektierten Formen im Vedischen zeigen, war *pañca* (= gr. πέντε, lat. *quīnque*) ursprünglich indeklinabel; das nämliche gilt für die folgenden Zahlwörter, 6 und 7 (identisch mit lat. *sex*, *septem*), 9 und 10 (= lat. *novem*, *decem*). Über 8 s. besonders.

6. *ṣaṣ* 'sechs' hat die Flexion N. V. A. *ṣaṭ*, Instr. *ṣaḍbhiḥ*, D. Ab. *ṣaḍbhyaḥ*, Gen. *ṣaṇṇām*, Lok. *ṣaṭsu*.

7. *sapta* 'sieben' flektiert wie *pañca* (5).

8. *aṣṭa* 'acht' kann wie *pañca* flektieren, doch ist auch folgende Flexion möglich: N. V. A. *aṣṭau*, Instr. *aṣṭābhiḥ*, D. Ab. *aṣṭābhyaḥ*, Gen. *aṣṭānām*, Lok. *aṣṭāsu*.

Ved. neben *aṣṭáu* (= got. *ahtau*) auch *aṣṭā́* (= gr. ὀκτώ, lat. *octō*).

9. *nava* 'neun': Flexion wie *pañca*.

10. *daśa* 'zehn': Flexion wie *pañca*.

Die übrigen Kardinalzahlen: *ekādaśa* '11', *dvādaśa* '12', *trayodaśa* '13', *caturdaśa* '14', *pañcadaśa* '15', *ṣoḍaśa* '16', *saptadaśa* '17', *aṣṭādaśa* '18', *navadaśa* oder *ūnaviṁśatiḥ* '19', *viṁśatiḥ* (fem. *i*-Stamm) '20', *triṁśat* (f.) '30', *catvāriṁśat* '40', *pañcāśat* '50', *ṣaṣṭiḥ* (f. *i*-St.) '60', *saptatiḥ* '70', *aśītiḥ* '80', *navatiḥ* '90', *śatam* (n. *a*-Stamm) '100'.

dve śate oder *dviśatam*, *trīṇi śatāni* oder *triśatam* '200, 300'; *sahasram* '1000'; *lakṣam* '100.000'.

§ 80. Ordinalia

1. *prathama-* 'erster';
2. *dvitīya-*;
3. *tṛtīya-*;
4. *caturtha-*, *turīya-*;
5. *pañcama-*;
6. *ṣaṣṭha-*;
7. *saptama-*;
8. *aṣṭama-*;
9. *navama-*;
10. *daśama-*;

11. *ekādaśa-*, 12. *dvādaśa-*, 20. *viṁśa-* oder *viṁśatitama-*, 30. *triṁśa-*, *triṁśat-tama-* usw.; 60. nur *ṣaṣṭitama-* (aber 61. *ekaṣaṣṭitama-* und *ekaṣaṣṭa-*), 100. *śatatama-*, 1000. *sahasratama-*.

In vedischer Sprache kommen auch *pañcathá-* 'der fünfte', *saptathá-* 'der siebente' vor. — Vgl. *tṛtīya-* mit lat. *tertius*; *caturtha-* mit gr. *τέταρτος*; *ṣaṣṭha-* mit lat. *sextus*; *saptama-* und *daśama-* mit *septimus*, *decimus*.

§ 81. Zahladverbia

sakṛt 'einmal', *dviḥ* 'zweimal', *triḥ* 'dreimal', *catuḥ* 'viermal', *pañca-kṛtvaḥ* 'fünfmal', *ṣaṭ-kṛtvaḥ* 'sechsmal'; usw.

ekadhā 'einfach', *dvi-* oder *dvedhā* 'zwiefach', *tri-*, *tredhā* 'dreifach', *caturdhā* 'vierfach', *bahudhā* 'vielfach'; usw.

ekaśaḥ 'einzeln', *dviśaḥ* 'zu zweien', *triśaḥ* 'zu dreien', *śataśaḥ* 'zu 100'; usw.

sa-kṛt < **sm̥-* (§ 8), ∼ lat. *sem-el*, gr. *ἅ-παξ* < **sm̥-*; *dviḥ* = gr. *δίς*, lat. *bis* (alt *duis*); *triḥ* = gr. *τρίς*, lat. *ter*; *catuḥ* ∼ lat. *quater*. — Mit *(eka)-śaḥ* vgl. gr. homer. *ἀνδρα-κάς* 'Mann für Mann'.

4. Das Verbum

§ 82. Das Sanskrit unterscheidet folgende Genera: *Aktiv*, *Medium*[18]) und *Passiv* (§ 128). Tempora: *Praesens*, *Imperfekt*, *Aorist*, *Perfekt*, *Futurum* (und *Konditional*). Es gibt drei Modi: *Indikativ*, *Optativ* und *Imperativ*.

Die Formen des Präsens und Imperfekt werden von einem besonderen *Präsensstamm* gebildet, der auf der *Wurzel* beruht, aus der andererseits eigene Stämme für die übrigen Tempora erstehen. Nach der Bildung der Präsensstämme scheidet man in zwei große Hauptgruppen, thematische und athematische Verba, und innerhalb dieser wieder in zehn von den ai. Grammatikern postulierte Klassen.

a) Thematische Verba (Klassen 1, 4, 6, 10)

§ 83. Die Konjugation dieser Klassen (§ 84) ist völlig einheitlich. Der Unterschied besteht nur in der Weise, in der die Präsensstämme aus der Wurzel gebildet werden:

1. Klasse: Die Wurzel[19]) wird guṇiert (§ 35) und tritt vor den 'Themavokal' *-a-* (*-ā-*) und die Endung: Wz. *bhṛ-* 'tragen', *ruh-* 'wachsen' Guṇa *bhar-*, *roh-*, 3. Person Sing. *bhar-a-ti* 'er trägt', *roh-a-ti* 'er wächst'. Wurzeln auf schließendes *-ĭ*, *-ŭ*, wie *nī-* 'führen', *bhū-* 'werden', zeigen die Guṇaform (*ne-*, *bho-*) vor dem Themavokal (gemäß §§ 5, 14) in *-ay-*, *-av-* aufgelöst: *nay-a-ti* 'er führt', *bhav-a-ti* 'er wird'.

[18]) Die ai. Grammatiker bezeichnen das Aktiv als *Parasmaipada* ('Form für den anderen'), das Medium als *Ātmanepada* ('Form für sich selbst').

[19]) Die üblichen Sanskritwörterbücher bringen Verba nicht unter einer finiten Form, sondern in der Wurzel, mit Angabe der Präsensklasse; somit nicht: *bharati* 'trägt', sondern: *bhṛ-* Kl. I, P. (= Parasmaipada, Aktiv) 'tragen'.

Idg. -*e*-stufiger thematischer Typus: gr. *φέϱ-ω*, *λείπ-ω*, lat. *leg-ō*, usw.

Wurzeln mit langer geschlossener Silbe, wie *jīv-* 'leben', *nind-* 'tadeln', zeigen keine Guṇierung: *jīvati* 'er lebt', *nindati* 'er tadelt'.

Als 'Ausnahmen' werden der Klasse I noch folgende Präsensbildungen zugeschrieben: *gam-* 'gehen', *gacchati*; *yam-* 'zügeln', *yacchati*; *ṛ-* 'gehen, sich bewegen', *ṛcchati*. — *kram-* 'schreiten', *krāmati* (Medium *kramate*); *cam-* (mit *ā-*) 'schlürfen', *cāmati*; *guh-* 'verhüllen', *gūhati*. — *daṁś-* 'beißen', *daśati*. — *ghrā-* 'riechen', *jighrati*; *pā-* 'trinken', *pibati*; *sthā-* 'stehen', *tiṣṭhati*; *sad-* 'sitzen', *sīdati*.

Zum Teil sind dies eigene idg. Präsensklassen, die in dem 10-Klassen-System der Inder keinen eigenen Platz erhalten haben: die Verba wie *ga-ccha-ti* gehören zu den -*sk̑*-Präsentien, gr. -*σκω*, lat. -*scō*, § 18; *ji-ghra-ti*, *ti-ṣṭha-ti* usw. sind thematisierte reduplizierende Präsentien wie gr. *γί-γν-ο-μαι*, lat. *gi-gn-ō*.

4. Klasse: An die unveränderte Wurzel tritt -*ya-* und die Endung. Wz. *kup-* 'zürnen', *kup-ya-ti* 'er zürnt'; *nah-* 'binden', *nah-ya-ti* 'er bindet'.

Idg. -*i̯*-Präsentien, wie lat. *cup-i-ō*.

Besonderheiten der Klasse IV: *tam-* 'erstarren', *bhram-* 'schweifen', *śam-* 'ruhig werden', *śram-* 'ermüden' bilden den Präsensstamm auf °*ām-ya-* (z. B. *tām-ya-ti*); *mad-* 'sich freuen' bildet *mād-ya-ti*. Zu *jan-* 'geboren werden' gehört das Deponens *jā-ya-te*. *vyadh-* 'durchbohren': *vidh-ya-ti*; *śā-* 'wetzen', *sā-* 'binden, entscheiden': *śyati*, *syati*. Zu *bhraṁś-* 'fallen' und *rañj-* 'sich röten' gehören die Präsensstämme *bhraś-ya-* *raj-ya-*. — *paś-ya-ti* 'sieht' wird als Präsens der unverwandten Wz. *dṛś-* 'sehen' zugeordnet.

°*ām-ya-* zu Wurzeln auf °*m̥ə-*; *jā-yate* ist **ǵn̥ə-i̯-* (zur Seṭ-Wurzel in *jani-tár-*, §§ 9, 37). In *bhraś-ya-* gegenüber *bhraṁś-* ist -*a-* altes *-*n̥-* (§ 8). *paś-ya-* und *dṛś-* sind die Verwandten von lat. *speciō* und gr. *δέϱκομαι*.

6. Klasse: Der Themavokal tritt an die ungunierte Wurzel; vgl. *tud-* 'stoßen', *tud-a-ti* 'er stößt'; *kṣip-* 'schleudern', *kṣipati* 'er schleudert'.

Ursprünglich Aoristpräsentien, die im Vedischen den Akzent auf dem Themavokal tragen (*tudáti*); vgl. gr. *φυγεῖν*, *λιπεῖν*.

Als Sonderbildungen werden hierhergestellt: *iṣ-* 'wünschen', *praś-* 'fragen', Präsens *icchati*, *pṛcchati*; *kṛt-* 'schneiden', *muc-* 'loslassen', *lip-* 'beschmieren', *lup-* 'plündern', *vid-* 'finden', *sic-* 'begießen', Präsentien *kṛntati*, *muñcati*, *limpati*, *lumpati*, *vindati*, *siñcati*. — *kṝ-* 'ausstreuen', *kir-a-ti*.

Die ersteren sind wiederum *-sk̑*-Präsentien (s. u. 1); *kṛt-* usw. bilden nasalinfigierende thematische Präsentien, wie lat. *sci-n-d-ō*, *rumpō*. *kir-á-* aus **kṛ̥ə-é-*, § 13.

10. Klasse: Zwischen Wurzel und Themavokal erscheint *-ay-*; Wurzeln mit mittlerem *-i-*, *-u-*, *-ṛ-* vor einfachen Konsonanten werden guniert: vgl. *cur-* 'stehlen', Guṇa *cor-*, Präsens *cor-ay-a-ti* 'er stiehlt'. — Mitunter kommt auch Tiefstufe der Wurzel vor (*pīḍ-* 'quälen' : *pīḍayati*). — Würde durch Gunierung ein nur durch einen Konsonanten von *-aya-* getrenntes *-a-* in der Wurzel entstehen, so tritt dafür in der Regel, aber nicht immer, *-ā-* ein. Dies läßt sich v. a. an der häufigeren Bildung der Kausativa (§ 129) ablesen, deren Grundtyp mit dem der 10. Klasse identisch ist: vgl. Wz. *bhū-* 'werden', Guṇa *bho-*, vorvokalisch *bhav-* (§§ 5, 14), Kausativum jedoch *bhāv-aya-ti*; *kṛ-* 'machen', Kausativ *kārayati*; *sad-* 'sitzen', *sādayati*. Andererseits *jan-* 'erzeugen' : *janayati*, *dam-* 'zähmen' : *damayati*, u. dgl.

Der idg. Grundtypus hatte *-o*-Stufe der Wurzel und *-e̯i̯-* vor dem Themavokal: vgl. gr. *ποτ-έ-ομαι*, lat. *mon-e-ō*, got. Kaus. *satja* 'mache sitzen, setze' (**sod-e̯i̯-ō*). Der häufige ai. Typus mit *-ā-* in offener Wurzelsilbe (*kārayati*) erklärt sich z. T. aus schon idg. Dehnstufe (: gr. *πωτάομαι*), teils aber auch durch das in § 9 gelehrte Gesetz, das auch die erhaltene Normalstufe in *janayati* u. dgl. (: Seṭ-Wurzel *jan^i-*) verstehen läßt. Die geschaffenen Muster sind natürlich über die Lautgesetzlichkeit hinaus verallgemeinert worden.

Konjugation

§ 84. Paradigma *bhṛ-* I (= 1. Klasse) 'tragen'.

Präsens Indikativ Aktiv

	Singular	*Dual*	*Plural*
1.	bharāmi	bharāvaḥ	bharāmaḥ
2.	bharasi	bharathaḥ	bharatha
3.	bharati	bharataḥ	bharanti

In ved. Sprache auch Plur. 1. *-āmasi*, 2. *-athana*.
Vgl. *bhar-asi*, *-ati*, *-āmaḥ*, *-anti* mit lat. *leg-is*, *-it*, *-imus*, *-unt*.

Medium

1.	bhare	bharāvahe	bharāmahe
2.	bharase	bharethe	bharadhve
3.	bharate	bharete	bharante

bharase, *bharate*, *bharante* ∼ gr. *φέρεαι*, *φέρεται*, *φέρονται*.

Präsens Optativ Aktiv

1.	bhareyam	bhareva	bharema
2.	bhareḥ	bharetam	bhareta
3.	bharet	bharetām	bhareyuḥ

bhareḥ, *-et*, *-etam*, *-etām*, *-ema*, *-eta* = gr. *φέροις*, *φέροι*, *-οιτον*, *-οίτην*, *-οιμεν*, *-οιτε*.

Medium

1.	bhareya	bharevahi	bharemahi
2.	bharethāḥ	bhareyāthām	bharedhvam
3.	bhareta	bhareyātām	bhareran

Ved. Plur. 3. *bharerata*. — *bhareta*, *bharemahi* = gr. *φέροιτο*, *φεροίμεθα*.

Präsens Imperativ Aktiv

1.	bharāṇi[20])	bharāva	bharāma
2.	bhara	bharatam	bharata
3.	bharatu	bharatām	bharantu

Vedisch noch Sing. 2. 3. *-atāt* (lat. *ag-itō*); Plur. 2. *-atana*. Vgl. *bhara*, *bharata* mit gr. *φέρε*, *φέρετε*, lat. *age*, *agite*. S. § 85.

[20]) § 20.

Medium

1.	bharai	bharāvahai	bharāmahai
2.	bharasva	bharethām	bharadhvam
3.	bharatām	bharetām	bharantām

Imperfekt Aktiv

1.	abharam	abharāva	abharāma
2.	abharaḥ	abharatam	abharata
3.	abharat	abharatām	abharan

Kennzeichen des Imperfekts ist das Augment *a-*; mit dem ganzen Paradigma (mit Ausnahme der 1. Dual) läßt sich das Griechische vergleichen: *ἔφερον*, *-ες*, *-ε*; *-ετον*, *-έτην*; *-ομεν*, *-ετε*, *-ον*. Nach den Endungen sind auch lat. *laudāba-m*, *-s*, *-t*, Plur. 3. *laudāba-nt* zu vergleichen.

Medium

1.	abhare	abharāvahi	abharāmahi
2.	abharathāḥ	abharethām	abharadhvam
3.	abharata	abharetām	abharanta

abharata, *-āmahi*, *-anta* = gr. *ἐφέρετο*, *-όμεθα*,*-οντο*.

§ 85. Die vedische Sprache besitzt noch einen Konjunktiv, der v. a. durch Länge des Themavokals bei thematischen Verben gekennzeichnet ist, während die athematischen Verben im Konjunktiv einen Themavokal einführen (§§ 95, 99, u. a.); dies entspricht dem griechischen Zustand, vgl. Konj. *φέρ-ω-μεν* (: Indikativ *φέρ-ο-μεν*), bzw. *ἴ-ο-μεν*, jünger *ἴ-ω-μεν* (: Ind. *ἴ-μεν*). Konjunktive thematischer Verben haben im Aktiv diese Formausgänge: Sing. 1. *-āni*, *-ā*, 2. *-āsi*, *-āḥ*, 3. *-āti*, *-āt*, Dual 1. *-āva*, 2. *-āthaḥ*, 3. *-ātaḥ*, Plur. 1. *-āma*, 2. *-ātha*, 3. *-ān*. Im Medium: Sing. 1. *-ai*, 2. *-āsai*, *-āse*, 3. *-ātai*, *-āte*, Dual 1. *-āvahai*, 2. *-aithe*, 3. *-aite*, Plur. 1. *-āmahai*, 2. *-ādhvai*, 3. *-āntai*. Der Konjunktiv lebt noch in den 1. Personen des Imperativs der klassischen Sprache (§ 84) fort.

Der Injunktiv des Vedischen, formal zu definieren als Augmentform (Imperfekt, Aorist) ohne Augment, erscheint vornehmlich in Prohibitivsätzen; der nicht prohibitive Injunktiv ist zeitstufenlos und 'nicht-berichtend', d. h., er dient der Schilderung von Sachverhalten, deren Kenntnis beim Hörer vorausgesetzt wird.

Er lebt in der klassischen Sprache noch in einigen Imperativformen fort, die sich von Imperfektformen nur durch das Fehlen des Augments unterscheiden (*bharatam* : *a-bharatam*); v. a. aber in Verbindung mit der Prohibitiv-Negation *mā*, z. B. *mā kṛthāḥ* 'tue nicht!' (: Aor. *a-kṛthāḥ*).

b) Athematische Verba (Klassen 2, 3, 5, 7, 8, 9)

§ 86. Gemeinsame Eigentümlichkeiten aller athematischen Verba sind:

Die Endungen treten ohne den vermittelnden Themavokal an den Präsensstamm, bzw. die Wurzel: thematisch *bhar-a-ti*, athematisch *as-ti*, *suno-ti*.

Die Wurzel, bzw. das Stammbildungssuffix erscheint im Singular des Aktiv Präsens Indikativ und Imperfekt und in einigen weiteren Formen guṇiert, sonst in grundstufiger Form: *e-mi* 'ich gehe' : *i-maḥ* 'wir gehen', Wz. *i-*. Man spricht hier von starken und schwachen Formen.

Diese Abstufung ist idg. Erbe: vgl. gr. *εἶ-μι* : *ἴ-μεν*, *δίδω-μι*: *δίδŏ-μεν*, lat. *es-t* : *s-unt*. Die vedische Sprache macht den Grund der Abstufung sichtbar: der Akzent lag in den nicht-singularischen Formen auf der Endung; *é-mi*, aber *i-máḥ*; *ás-ti* 'est' : *s-ánti* 'sunt'.

Der Optativ hat das an den schwachen Stamm tretende Moduszeichen aktiv *-yā-*, medial *-ī-*.

Die 2. Sing. Imperativ Aktiv hat (bis auf wenige Ausnahmen, §§ 100, 107) die Endung *-dhi*, *-hi*.

Zweite Klasse[21])

§ 87. Die Endungen treten unmittelbar an die Wurzel.

Idg. Wurzelpräsens, Typus gr. *εἶ-μι*, *εἰ-μί*, *φη-μί*, lat. *es-t*, *vul-t*.

Paradigma *dviṣ-* 'hassen':

---

[21]) Soll die Grammatik systematisch nach diesem Bändchen erlernt werden, so empfiehlt es sich, mit einer weniger komplizierten athematischen Klasse, etwa mit der fünften, zu beginnen und dort die Grundzüge der athematischen Verben kennenzulernen.

Aktiv

Indikativ Präsens

	Singular	*Dual*	*Plural*
1.	dveṣmi	dviṣvaḥ	dviṣmaḥ
2.	dvekṣi	dviṣṭhaḥ	dviṣṭha
3.	dveṣṭi	dviṣṭaḥ	dviṣanti

Optativ

1.	dviṣyām	dviṣyāva	dviṣyāma
2.	dviṣyāḥ	dviṣyātam	dviṣyāta
3.	dviṣyāt	dviṣyātām	dviṣyuḥ

Imperativ

1.	dveṣāṇi	dveṣāva	dveṣāma
2.	dviḍḍhi	dviṣṭam	dviṣṭa
3.	dveṣṭu	dviṣṭām	dviṣantu

Imperfekt

1.	adveṣam	adviṣva	adviṣma
2.	adveṭ	adviṣṭam	adviṣṭa
3.	adveṭ	adviṣṭām	adviṣan

Medium

Indikativ Präsens

1.	dviṣe	dviṣvahe	dviṣmahe
2.	dvikṣe	dviṣāthe	dviḍḍhve
3.	dviṣṭe	dviṣāte	dviṣate

Optativ

1.	dviṣīya	dviṣīvahi	dviṣīmahi
2.	dviṣīthāḥ	dviṣīyāthām	dviṣīdhvam
3.	dviṣīta	dviṣīyātām	dviṣīran

Imperativ

1.	dveṣai	dveṣāvahai	dveṣāmahai
2.	dvikṣva	dviṣāthām	dviḍḍhvam
3.	dviṣṭām	dviṣātām	dviṣatām

Imperfekt

1.	adviṣi	adviṣvahi	adviṣmahi
2.	adviṣṭhāḥ	adviṣāthām	adviḍḍhvam
3.	adviṣṭa	adviṣātām	adviṣata

Diverse kombinatorische Lautgesetze bedingen die Schwierigkeiten dieses Paradigmas (s. darum S. 70 Anm. 21): so wird *-ṣ* + *s-* unter noch nicht ganz aufgeklärten Bedingungen **-ṭṣ-* (vgl. **a-dveṣ-s* > *adveṭ* Impf. 2. Sing.), weiter aber *-kṣ-* (*dvekṣi* < *dveṣ* + *si*; auch *dvikṣe*, *dvikṣva*); *-ṣ* + *t-* wird *-ṣṭ-* (§ 19): *dveṣ-ṭi*, *dviṣ-ṭe* usw.; *-ṣ* + *d(h)-* ergab, über **ẓḍ(h)*, *ḍḍ(h)*: *dviṣ* + *dhi* > *dviḍḍhi*, s. noch *dviḍḍhve*, *(a)dviḍḍhvam*.

Lautgesetze bestimmen auch die Besonderheiten weiterer Verba dieser Klasse:

duh- 'melken': *dohmi*, *dhokṣi* (§ 30, 2), *dogdhi* (§ 30, 1), Plural *duhmaḥ*, *dugdha*, *duhanti*; Medium *duhe*, *dhukṣe*, *dugdhe* usw.

lih- 'lecken': *lehmi*, *lekṣi*, *leḍhi*, *lihmaḥ*, *līḍha*, *lihanti* usw.

leḍhi für *leh-* < **-źh-* + Endung *-ti*, § 30, 1.

§ 88. Besonderheiten zeigt die Konjugation der Wz. *as-* 'sein':

Indikativ

	Singular	*Dual*	*Plural*
1.	asmi	svaḥ	smaḥ
2.	asi	sthaḥ	stha
3.	asti	staḥ	santi

asmi = gr. *εἰμί*, got. *im*; *asi* = gr. *εἶ*, lat. *es*, got. *is*; *asti* = gr. *ἐστί*, lat. *est*, got. *ist*; *santi* = lat. *sunt*, got. *sind*.

Optativ

1.	syām	syāva	syāma
2.	syāḥ	syātam	syāta
3.	syāt	syātām	syuḥ

syām, *syāḥ*, *syāt* — altlateinisch *siem*, *siēs*, *siet*, später *sim* usw.

Imperativ

1.	asāni	asāva	asāma
2.	edhi	stam	sta
3.	astu	stām	santu

edhi aus **azdhi*, *as* + *dhi*, vgl. § 14.

Imperfekt

1.	āsam	āsva	āsma
2.	āsīḥ	āstam	āsta
3.	āsīt	āstām	āsan

āsam, āstam, āstām, āsma, āsta = gr. ἦα, ἦστον, ἤστην, ἦμεν ἦστε.

§ 89. *i-* 'gehen': Präs. Ind. Akt. Sing. *emi, eṣi, eti*, Plur. *imaḥ, itha, yanti*; Imperativ *ay-āni, ihi, etu*, Plur. *ayāma, ita, yantu*; Imperfekt *āyam, aiḥ, ait*, Plur. *aima, aita, āyan*; Optativ *iyām, iyāḥ* usw.

Medium: Vgl. *adhīte* 3. Sing. 'er lernt' (*adhi-i-te*).

Vgl. die Formen des Präs. Ind. mit gr. εἶμι, εἶ, εἶσι, ἴμεν; Imper. *ihi, ita* = gr. ἴϑι, ἴτε; Impf. *āyam, aima* < *a-* (Augment) + **ai-* (§ 14), = gr. ᾖ-α, ᾖμεν.

§ 90. *an-* 'atmen', *jakṣ-* 'essen', *rud-* 'weinen', *śvas-* 'atmen', *svap-* 'schlafen' setzen alle konsonantisch (außer mit *y-*) anlautenden Endungen an Stämme auf *-i-*, also *an-i-ti, rud-i-maḥ*. — Die 2. und 3. Person Sing. Imperfekt gehen auf *-aḥ, -at* oder auf *-īḥ, -īt* aus.

§ 91. *brū-* 'sprechen' hat in den starken (guṇierten) Formen (§ 86) einen Stamm *bravī-*: *bravīmi, bravīṣi, bravīti*, Plur. *brūmaḥ, brūtha, bruvanti*, usw.

stu- 'preisen' hat die starken Stämme *stau-* und *stavī-*: *stauti, stavīti* : *stumaḥ*.

§ 92. Das Deponens *śī-* 'liegen' zeigt im ganzen Präsens und Imperfekt Guṇa (*śe-*) : 3. Sing. *śete* : 1. Plur. *śemahe* usw. Besonders zu merken sind: 3. Plur. Ind. Praes. *śerate*, Imperativ *śeratām*, Imperfekt *aśerata*.

śete ~ gr. *κεῖται*; *śemahe* ~ *κείμεθα*.

§ 93. *śās-* 'befehlen' hat als 3. Plur. im Indikativ *śāsati*, im Imperativ *śāsatu*, im Imperfekt *aśāsuḥ*, zeigt daneben aber eine schwache Stammform *śiṣ-*: Opt. *śiṣ-yām*, P. P. P. *śiṣ-ṭa-*.

-ati, *-atu* aus *-*n̥ti*, *-*n̥tu* (§ 8); *śiṣ-* aus **k̑əs-*, vgl. §§ 11, 25.

vaś- 'wollen' zeigt *uś-* in den schwachen Formen: 1. Sing. *vaśmi*, 3. Plur. *uś-anti*.

han- 'töten' hat als schwache Wurzelform vor konsonantisch anlautenden Endungen *ha-* (jedoch *han-* vor *-vaḥ*, *-maḥ*); vor vokalisch anlautenden Endungen *ghn-*. Die 2. Sing. Imperativ lautet *jahi*. — Präsens *hanmi*, *haṁsi*, *hanti*, *hanvaḥ*, *hathaḥ*, *hataḥ*, *hanmaḥ*, *hatha*, *ghnanti* usw.

Vgl. § 27.

§ 94. Einige Verba der Klasse II zeigen keine Abstufung (§ 86); so hat *yā-* 'gehen' immer Hochstufe (Präs. Ind. Akt. *yāmi*, *yāsi*, *yāti*, Plur. *yāmaḥ*, *yātha*, *yānti*, Imperf. *a-yā-m* usw.), ebenso das Deponens *ās-* 'sitzen' (3. P. Sing. *ās-te*, Plur. *ās-ate*); Deponentia wie *sū-*'gebären', *īś-* 'herrschen' zeigen immer die Grundstufe, niemals Guṇa (3. Sing. med. *sū-te*, *īṣ-ṭe*); usw.

§ 95. Besonderheiten des V e d i s c h e n bei dieser Klasse sind v. a. die Konjunktive, die nach § 85 durch Einführung eines Themavokals gebildet werden: Vgl. Sing. 2. *áy-a-si*, *áy-aḥ* (: Ind. *é-ṣi*) zu *i-* 'gehen', § 89; Sing. 3. *ás-a-ti*, *ás-a-t* (: Ind. *ás-ti*), Wz. *as-*, § 88, u. dgl. — Weiteres: Von *as-* 'sein' 2. und 3. Sing. Imperf. *āḥ* (< **ās-s*, **ās-t*; = gr. dor. *ἦς* 3. Sing.); Opt. 2. Plur. *syāta-na*. Zu *brū-* (§ 91) 2. Sing. Imper. *brū-tāt* (vgl. § 84), 2. Plur. *bravītana*. *śī-* (§ 92) hat im Ved. 3. Sing. Ind. *śáy-e*, 3. Plur. *śé-re*; 3. Sing. Impf. *áśayat*, 3. Plur. *áśeran*. *śās-* (§ 93): 2. Plur. Imper. *śāstána*. Mehrmals 1. Plur. *-masi* neben *-maḥ*; u. a. m.

D r i t t e K l a s s e

§ 96. Die Wurzel wird redupliziert; für die Reduplikation gelten folgende Regeln:

A. Aspiraten werden durch die entsprechenden nicht aspirierten Laute redupliziert, Gutturale jedoch stets durch ihre Palatalen: also *dh-* durch *d-*; *bh-* durch *b-*; *k-*, *kh-* durch *c-*; *g-*, *gh-* und auch *h-* durch *j-*.

B. Konsonantengruppen werden durch den ersten Konsonanten redupliziert (oder durch seinen Stellvertreter nach A.); nur die Verbindung *Zischlaut* + *Verschlußlaut* redupliziert mittels des zweiten Lautes (oder seines Stellvertreters nach A.).

C. Die oben gegebenen Regeln gelten auch für andere grammatische Fälle, in denen Reduplikation verwendet wird (§ 121). Für die reduplizierten Präsentien der Klasse 3 ist zu bemerken, daß der kurze Wurzelvokal in die Reduplikationssilbe eintritt; also *hu-* 'opfern' : *ju-hu-maḥ* 'wir opfern', *bhī-* 'fürchten' : *bi-bhī-*, *dhā-* 'stellen' : *dadhā-*; zu merken sind jedoch *bhṛ-* 'tragen' : *bi-bhar-ti*, *bi-bhṛ-maḥ*; *mā-* 'messen' (Deponens) : *mi-mī-te* 3. Sing., *mi-mate* 3. Plur.

Idg. reduplizierender Präsenstypus, vgl. gr. *δί-δω-μι*, *ἵ-στᾱ-μι*, *πίμ-πλη-μι* zu den Wurzeln *δω-*, *στᾱ-*, *πλη-*.

§ 97. Paradigma *hu-*[22]) 'opfern':

Aktiv

Präsens Indikativ

	Singular	*Dual*	*Plural*
1.	juhomi	juhuvaḥ	juhumaḥ
2.	juhoṣi	juhuthaḥ	juhutha
3.	juhoti	juhutaḥ	juhvati[23])

Optativ

1.	juhuyām	juhuyāva	juhuyāma
2.	juhuyāḥ	juhuyātam	juhuyāta
3.	juhuyāt	juhuyātām	juhuyuḥ

[22]) Gunierter Stamm (§ 86) *ju-ho-*, schwacher Stamm *ju-hu-*; zur Reduplikation s. § 96 A. C.

[23]) *-ati* usw. aus **-n̥ti* (§ 8) : *bhara-nti* usw.

Imperativ

	Singular	*Dual*	*Plural*
1.	juhavāni[24])	juhuvāva	juhuvāma
2.	juhudhi	juhutam	juhuta
3.	juhotu	juhutām	juhvatu

Imperfekt

1.	ajuhavam[24])	ajuhuva	ajuhuma
2.	ajuhoḥ	ajuhutam	ajuhuta
3.	ajuhot	ajuhutām	ajuhavuḥ

Medium

Präsens Indikativ

1.	juhve[25])	juhuvahe	juhumahe
2.	juhuṣe	juhvāthe	juhudhve
3.	juhute	juhvāte	juhvate

Optativ

1.	juhvīya[25])	juhvīvahi	juhvīmahi
		usw.	

Imperativ

1.	juhavai	juhavāvahai	juhavāmahai
2.	juhuṣva	juhvāthām	juhudhvam
3.	juhutām	juhvātām	juhvatām

Imperfekt

1.	ajuhvi	ajuhuvahi	ajuhumahi
2.	ajuhuthāḥ	ajuhvāthām	ajuhudhvam
3.	ajuhuta	ajuhvātām	ajuhvata

§ 98. *dhā-* 'setzen, stellen' und das analog flektierende *dā-* 'geben' weichen z. T. von § 97 ab: v. a. durch ihre

[24]) *juhav-āni, a-juhav-am* etc. zeigen die vorvokalische Form des Stammes *juho-*, da *-o-* auf **-ău-* zurückgeht (§ 14); aber zu *dhā-, hā-* (§§ 98, 99) lautet die 1. P. Sing. Impf. *a-dadhā-m, a-jahā-m* usw.

[25]) Aus **juhu-e, juhu-īya* usw.

schwache Stammform *da-dh-*, *da-d-*, sodann durch lautliche Unterschiede, wobei für *dhā-* besonders auf § 30, 2 hinzuweisen ist.

Aktiv Indikativ

	Singular	*Dual*	*Plural*
1.	dadhāmi	dadhvaḥ	dadhmaḥ
2.	dadhāsi	dhatthaḥ	dhattha
3.	dadhāti	dhattaḥ	dadhati

Optativ

1.	dadhyām	dadhyāva	dadhyāma
		usw.	

Imperativ

1.	dadhāni	dadhāva	dadhāma
2.	dhehi	dhattam	dhatta
3.	dadhātu	dhattām	dadhatu

Imperfekt

1.	adadhām	adadhva	adadhma
2.	adadhāḥ	adhattam	adhatta
3.	adadhāt	adhattām	adadhuḥ

Medium Indikativ: *dadhe*, *dhatse*, *dhatte*, usw.

Neben *dhehí* 'setze!', *dehí* 'gib!' ved. auch *da-d-dhí*; die ersteren Formen gehen auf dissimiliertes **d(h)azdhí* zurück (aw. *dazdī*), mit *-e-* < *-az-* (§ 14); vgl. K. Hoffmann, Münchener Stud. z. Sprachwiss. 8 (1956) 21. — *dádhāmi*, *dádhāti*, *dadhmáḥ* (ved. Betonung: s. § 86) ~ gr. *τίθημι*, *τίθησι*, *τίθεμεν*.

§ 99. *hā-* 'verlassen' hat als schwachen Stamm vor konsonantisch anlautenden Endungen *jahi-* und *jahī-*, vor vokalisch oder mit *y-* anlautenden Endungen *jah-*: Präsens Ind. *jahāmi*, *jahāsi*, *jahāti*, Plur. *jahimāḥ* (*jahīmaḥ*), *jahitha* (*jahītha*), *jahati*, Opt. *jahyām* usw.

Vedische Sprache: Konjunktive wie Sg. 1. *bibhar-āṇi* 3. *bibhar-a-t* (: Ind. *bi-bhar-mi*, *-ti*) nach §§ 85, 95; 1. Plur. aktiv *-masi*; 3. Sing. med. *-e*; 2.Sing. Imper. *-tāt*, u. a.

Fünfte Klasse

§ 100. Die Präsensstämme dieser Klasse sind durch Anfügung von stark *-no-*, schwach *-nu-* (*-nv-*) an die Wurzel gebildet.

Das ai. Stammzeichen *-no-/-nu-* ist idg. **-neu-/*-nu-*; im Griech. ist für **-neu-mi* (: ai. *-no-mi*) z. T. *-νεύω*, *-νέω*, v. a. aber *-νῡ-μι* eingetreten; vgl. *δείκ-νῡ-μι*, Plur. *δείκ-νῠ-μεν* (: ai. *-nu-maḥ*). Über den letzten Ursprung dieses Präsenstypus s. u. § 102.

Paradigma *su-* 'keltern':

Aktiv

Präsens Indikativ

	Singular	*Dual*	*Plural*
1.	sunomi	sunuvaḥ	sunumaḥ
2.	sunoṣi	sunuthaḥ	sunutha
3.	sunoti	sunutaḥ	sunvanti

Optativ

1.	sunuyām	sunuyāva	sunuyāma

usw.

Imperativ

1.	sunavāni	sunavāva	sunavāma
2.	sunu	sunutam	sunuta
3.	sunotu	sunutām	sunvantu

Imperfekt

1.	asunavam	asunuva	asunuma
2.	asunoḥ	asunutam	asunuta
3.	asunot	asunutām	asunvan

Medium

Präsens Indikativ

1.	sunve	sunuvahe	sunumahe
2.	sunuṣe	sunvāthe	sunudhve
3.	sunute	sunvāte	sunvate

		Optativ	
1.	sunvīya	sunvīvahi	sunvīmahi
		usw.	
		Imperativ	
1.	sunavai	sunavāvahai	sunavāmahai
2.	sunuṣva	sunvāthām	sunudhvam
3.	sunutām	sunvātām	sunvatām
		Imperfekt	
1.	asunvi	asunuvahi	asunumahi
2.	asunuthāḥ	asunvāthām	asunudhvam
3.	asunuta	asunvātām	asunvata

Vor Endungen, die mit *v* oder *m* anlauten, kann *u* auch fehlen: *sunvaḥ*, *sunmaḥ* neben *sunuvaḥ*, *sunumaḥ*; *sunvahe*, *asunva*, *asunvahi*, *asunma*, *asunmahi*.

Die Möglichkeit gilt nicht bei konsonantisch endigenden Wurzeln, wie *āp*- 'gewinnen': hier ist nur *āpnuvaḥ*, *āpnumaḥ* u. dgl. zulässig, auch lauten Formen, die bei vokalisch endenden Wurzeln *-nv-* zeigen, wie die 3. Plur. akt.: *āpnuvanti* (vgl. *sun-v-anti*). — Diese Wurzeln bieten in der 2. Sing. Imper. die Endung *-hi* (*āp-nu-hi* 'erlange!' gegenüber *sunu*).

In vedischer Sprache kommt *-hi*, *-dhi* auch bei vokalisch auslautenden Wurzeln vor: *ci-nu-hí*, *śṛ-ṇu-dhí* (§ 101); sie zeigt ferner bei dieser Klasse u. a. die Nebenformen: 1. Plur. aktiv *-masi*, 3. Sing. med. *-e*, 3. Plur. *-i-re* (*su-nv-iré*); Imper. 2. Sing. *-tāt*, 2. Plur. *-tana*; Konjunktivformen (nach §§ 85, 95), wie 2. Sing. *śṛ-ṇáv-aḥ*, 3. *śṛṇávat*, *sunávat* (: Ind. *śṛṇóṣi*, *-óti*); usw.

§ 101. *śru-* 'hören' zeigt die Stämme: stark *śṛ-ṇo-*, schwach *śṛ-ṇu-*, *śṛṇv-*.

Vgl. dazu § 102!

Siebente Klasse

§ 102. Diese Klasse bildet den Präsensstamm durch Einfügung eines *-na-* (in den schwachen Formen *-n-*)

zwischen den Vokal und den schließenden Konsonanten der Wurzel (infigierende Klasse): So lautet zur Wurzel *yuj-* 'anschirren' die 1. Präs. Sing. Akt. Ind. *yu-na-j-mi*, die 1. Plur. *yu-ñ-j-maḥ*[26]).

Idg. **i̯u-ne-g-mi* (: Wz. *i̯ug-*), ein gewiß hochaltertümlicher Typus: vgl. außer-indoiranische Fälle wie gr. *βυνέω* 'fülle an', wohl für **βυ-νε-σ-μι*, und die jüngere Bildung lat. *iu-n-g-ō*. Das nasalinfigierende Prinzip ist noch für die Deutung der anderen Nasalklassen, also der ai. 5. (§ 100) und 9. (§ 106) heranzuziehen, wobei wir in ihren prä-altindischen Werten nebeneinanderstellen:

Kl. 7, akt. 1. Sg. *yu-na-j-mi*, 1. Pl. *yu-ñ-j-maḥ*, P. P. P. *yuk-ta-*, Wz. *yug-*;

Kl. 5, akt. 1. Sg. **śṛ-ṇa-u-mi* > *śṛ-ṇo-mi* (§ 14), 1. Pl. *śṛ-ṇ-u-maḥ*, P. P. P. *śru-ta-*, Wz. *śru-* (§ 101);

Kl. 9, akt. 1. Sg. **pu-na-ə-mi* > *punāmi* 'läutere', 1. Pl. **pu-n-ə-maḥ* > *punīmaḥ*, P. P. P. **puə-ta-* > *pūta-*, Wz. *pū-* (s. §§ 11, 37).

§ 103. Paradigma *rudh-* 'hemmen' (*ru-ṇa-dh-/ru-n-dh-*); die Geltung von § 30, 1 (*-dh-t-* > *-ddh-*) ist zu beachten.

Aktiv

Präsens Indikativ

	Singular	*Dual*	*Plural*
1.	ruṇadhmi	rundhvaḥ	rundhmaḥ
2.	ruṇatsi	runddhaḥ	runddha
3.	ruṇaddhi	runddhaḥ	rundhanti

Optativ

1.	rundhyām	rundhyāva	rundhyāma

usw.

Imperativ

1.	ruṇadhāni	ruṇadhāva	ruṇadhāma
2.	runddhi	runddham	runddha
3.	ruṇaddhu	runddhām	rundhantu

---

[26]) *-ñ-* aus **-n-* vor palatalem *-j-*.

Imperfekt

1.	aruṇadham	arundhva	arundhma
2.	aruṇat	arunddham	arunddha
3.	aruṇat	arunddhām	arundhan

Medium

Präsens Indikativ

1.	rundhe	rundhvahe	rundhmahe
2.	runtse	rundhāthe	runddhve
3.	runddhe	rundhāte	rundhate

Optativ

1.	rundhīya	rundhīvahi	rundhīmahi

usw.

Imperativ

1.	ruṇadhai	ruṇadhāvahai	ruṇadhāmahai
2.	runtsva	rundhāthām	runddhvam
3.	runddhām	rundhātām	rundhatām

Imperfekt

1.	arundhi	arundhvahi	arundhmahi
2.	arunddhāḥ	arundhāthām	arunddhvam
3.	arunddha	arundhātām	arundhata

Aus dem Vedischen vgl. v. a.: Konjunktivformen wie 3. Sing. *yunáj-a-t* (: Ind. *yunák-ti*); 3. Sing. med. *-e* neben *-te*.

Achte Klasse

§ 104. Die meisten Wurzeln dieser Klasse enden auf *-n*: *tan-* 'dehnen', *man-* 'denken' (Dep.), *san-* 'gewinnen', *kṣan-* 'verletzen', u. a. m. Das Stammbildungssuffix ist *-o-*, in den schwachen Formen *-u-*: *tan-o-mi*, *tan-u-maḥ* 'ich dehne, wir dehnen'. Die Konjugation ist völlig dieselbe wie in *sunomi*: *sunumaḥ*, also die der ai. 5. Klasse (§ 100).

Geschichtlich gesehen, hat der Ansatz der '8. Klasse' keine Berechtigung: denn *tanomi* ist nicht in *tan-o-mi* zu analysieren, wie es den Indern erscheinen mußte, sondern gehört als **tṇ-neu-mi*

(§ 8) ebenso zu **tn̥-*, der Tiefstufe von *tan-*, wie etwa *su-no-mi* zu der tiefstufigen Wurzelform *su-*; es liegen also Verba der *neu*-Klasse, § 100, vor. Vgl. noch § 105.

§ 105. Zu dem häufigen Verbum dieser Klasse *kr̥-* 'tun, machen' lautet der starke Stamm *karo-*, der schwache *kuru-*, vor *-m-*, *-y-* und *-v-* nur *kur-*: Praes. Sing. *karomi*, *karoṣi*, *karoti*, Dual *kurvaḥ*, *kuruthaḥ*, *kurutaḥ*, Plural *kurmaḥ*, *kurutha*, *kurvanti*, Optativ *kuryām* usw.

karoti ist nicht von einer älter belegten Präsensbildung dieser Wurzel, ved. *kr̥-ṇó-ti* (also 5. Klasse), zu trennen. Zu den vielen Erklärungsversuchen s. d. Lit. bei Thumb-Hauschild, Handbuch des Sanskrit I 2 (1959) 267f., und W. P. Schmid, Indogermanische Forschungen 65 (1960) 235ff.

Neunte Klasse

§ 106. Das Präsenszeichen ist im starken Stamm *-nā-*, im schwachen *-nī-*, vor vokalisch anlautenden Endungen *-n-*.

Ai. *-nā-mi*, *-nī-maḥ*, *-n-anti* < idg. **-nā-mi*, **-nə-mes*, **-n̥̑-enti*; gr. *δάμ-νη-μι*, *δάμ-νᾰ-μεν*. Letzter Ursprung dieser Präsensbildung ist wohl Infigierung (§ 102) in Seṭ-Wurzeln (§ 37), deren schließendes *-ə* hinter das Infix trat: Zu **peu̯ə-* 'reinigen' (> ai. *pavī̆-tár-* m. 'Läuterer', *pavi-tum* Inf.) lautete das Präsens **pu-ne-ə-ti* (> ai. *punāti*), wie zu **i̯eug-* 'anschirren' **i̯u-ne-g-ti* (> ai. *yunakti*).

Paradigma *krī-* 'kaufen':

Aktiv

Präsens Indikativ

	Singular	*Dual*	*Plural*
1.	krīṇāmi[27]	krīṇīvaḥ	krīṇīmaḥ
2.	krīṇāsi	krīṇīthaḥ	krīṇītha
3.	krīṇāti	krīṇītaḥ	krīṇanti
		Optativ	
1.	krīṇīyām	krīṇīyāva	krīṇīyāma
		usw.	

[27]) *-ṇ-* nach § 20.

Imperativ

	Singular	*Dual*	*Plural*
1.	krīṇāni	krīṇāva	krīṇāma
2.	krīṇīhi	krīṇītam	krīṇīta
3.	krīṇātu	krīṇītām	krīṇantu

Imperfekt

1.	akrīṇām	akrīṇīva	akrīṇīma
2.	akrīṇāḥ	akrīṇītam	akrīṇīta
3.	akrīṇāt	akrīṇītām	akrīṇan

Medium

Präsens Indikativ

1.	krīṇe	krīṇīvahe	krīṇīmahe
2.	krīṇīṣe	krīṇāthe	krīṇīdhve
3.	krīṇīte	krīṇāte	krīṇate

Optativ

1.	krīṇīya	krīṇīvahi	krīṇīmahi

usw.

Imperativ

1.	krīṇai	krīṇāvahai	krīṇāmahai
2.	krīṇīṣva	krīṇāthām	krīṇīdhvam
3.	krīṇītām	krīṇātām	krīṇatām

Imperfekt

1.	akrīṇi	akrīṇīvahi	akrīṇīmahi
2.	akrīṇīthāḥ	akrīṇāthām	akrīṇīdhvam
3.	akrīṇīta	akrīṇātām	akrīṇata

§ 107. Konsonantisch auslautende Wurzeln dieser Klasse (wie *aś-* 'essen', *grah-* 'ergreifen') bilden die 2. Sing. Imper. Akt. auf *-āna*: *aśāna* 'iß!', *gṛhāṇa* 'ergreife!' (gegenüber *krīṇīhi*).

§ 108. *grah-* 'ergreifen', *bandh-* 'binden', *stambh-* 'stützen', *jñā-* 'wissen' bilden *gṛhṇāmi*, *badhnāmi*, *stabhnāmi*, *jānāmi*.

Dies sind die bei den Präsentien der 9. Kl. üblichen Schwundstufen: *-ṛ-* zu *-ra-*, *-a-* < **-ṇ-* (§ 8) zu *-an-*, *jā-* < **ǵṇə̥-* (§ 9) zu *jñā-* < **ǵnō-*. — Altertümlicher als das Letztere ist der Typus von Schwundstufen auf *-ə* (wie **puə-* > *pū-*), deren *-ə* gemäß § 106 nicht vor dem Infix erscheint. Darauf bezieht sich die Regel:

§ 109. Wurzeln auf *-ū*, wie *pū-* 'reinigen', *lū-* 'schneiden', zeigen kurzes *-u-* vor *-nā-* / *-n*(*ī*)- : *punāmi*, *lunāmi*.

Vedisch erscheinen von dieser Klasse einige Konjunktivformen, wie Akt. 2. Sing. *gṛbhṇā́ḥ*, 1. Plur. *junā́ma*, Med. 1. Dual *krīṇāvahai*; Formen mit folgenden Sonder-Endungen: Akt. 1. Plur. *-masi*, 2. Plur. *-thana*, Med. 3. Sing. *-e*, Imper. Akt. 2. Sing. *-tāt*, Plur. *-tana*.

Die außerpräsentischen Formen

§ 110. Wie die Präsensstämme (§§ 83—109), werden auch die Aorist-, Perfekt- und Futurstämme sowie weitere Ableitungsformen direkt aus der Wurzel gebildet.

1. Aoriste

Im klassischen Sanskrit wird der Aorist neben Imperfekt und Perfekt ohne Unterschied als Vergangenheitstempus gebraucht. Seine Formen treten darum immer mehr gegen die der anderen beiden Präterita zurück, während das Vedische noch eine Fülle von Aoristformen aufweist, augmentierten und augmentlosen; auch von Konjunktiven, Optativen, Imperativen zu Aoristen. Über Aorist-Injunktive, die noch im Sanskrit eine Rolle spielen, s. o. § 85.

a) asigmatische Aoriste

§ 111. Der Wurzel-Aorist wird durch das Augment (*a-*), die reine Wurzel und athematische Endungen gebildet.

Paradigmata *dā-* 'geben', *bhū-* 'sein, werden'.

	Singular		*Dual*		*Plural*	
1.	adām	abhūvam	adāva	abhūva	adāma	abhūma
2.	adāḥ	abhūḥ	adātam	abhūtam	adāta	abhūta
3.	adāt	abhūt	adātām	abhūtām	aduḥ	abhūvan

Vgl. die gr. Wurzelaoriste wie ἔφῡν, ἔστην, ἔβην, ἔ-θε-μεν.

§ 112. Der thematische Aorist gleicht einem Imperfektum der 6. Klasse (§ 83). So lauten von den Wurzeln *sic-*, *sad-*, *gam-*, *lip-* die Imperfekta — dem Präsensstamm gemäß — *asiñcam*, *asīdam*, *agaccham*, *alimpam*, die Aoriste jedoch *asicam*, *asadam*, *agamam*, *alipam*. Flexion wie *abharam* (§ 84) usw.

Vgl. gr. Aoriste wie ἔλιπον, ἔφυγον, zu den Präsentien λείπω, φεύγω.

§ 113. Der reduplizierende Aorist flektiert ebenfalls thematisch. Der Vokal der Reduplikationssilbe ist meist quantitativ von dem der Wurzelsilbe verschieden, bei Wurzeln mit mittlerem *-a-* und auf *-ā*, *-ṛ*, *-ṝ* ist er meist *-i-*, *-ī-*. Vgl. zu *cur-* 10 'stehlen': *a-cū-cur-am*; *gaṇ-* 10 'berechnen': *a-jī-gaṇam*; *nī-* 1 Kausativ (§ 129): *anīnayam*; *sthā-* 1 Kausativ (*sthāpayati*, a. a. O.): *atiṣṭhipam*; *naś-* 4 'verlorengehen': *aneśam*, *pat-* 1 'fliegen': *apaptam*, *vac-* 2 'sprechen': *avocam*; u. a.

Vgl. gr. redupliziérend-thematische Aoriste wie ἔ-πε-φν-ον.

b) sigmatische Aoriste

§ 114. Der athematische s-Aorist. Die augmentierte Wurzel zeigt im Aktiv Vṛddhi (§ 35), im Medium Grundstufe, bei Wurzeln auf auslautende *-ĭ* *-ŭ* Guṇa; an die Wurzel tritt *-s-* (oder *-ṣ-* nach § 25), mit athematischen Endungen.

Paradigmen *nī-* 1 'führen' (Aoriststamm Akt. *a-nai-ṣ-*, Med. *a-ne-ṣ-* [Guṇa]); *yuj-* 7 'verbinden, anschirren' (*a-yauk-ṣ-*, *a-yuk-ṣ-*):

	Aktiv		*Medium*	
		Singular		
1.	anaiṣam	ayaukṣam	aneṣi	ayukṣi
2.	anaiṣīḥ	ayaukṣīḥ	aneṣṭhāḥ	ayukthāḥ
3.	anaiṣīt	ayaukṣīt	aneṣṭa	ayukta

Dual

1.	anaiṣva	ayaukṣva	aneṣvahi	ayukṣvahi
2.	anaiṣṭam	ayauktam	aneṣāthām	ayukṣāthām
3.	anaiṣṭām	ayauktām	aneṣātām	ayukṣātām

Plural

1.	anaiṣma	ayaukṣma	aneṣmahi	ayukṣmahi
2.	anaiṣṭa	ayaukta	aneḍhvam	ayugdhvam
3.	anaiṣuḥ	ayaukṣuḥ	aneṣata	ayukṣata

Besonderheiten dieser Paradigmen erklären sich aus lautlichen Vorgängen: so wird *-s-* in der Gruppe **-k-s-t-* ausgestoßen, daher *a-yauk-ta* gegen *a-yauk-ṣ-ma*; *-ṣ-* vor *d°* wird stimmhaft (**ẓ*) und schwindet unter Cerebralisierung: *aneḍhvam* für *a-neṣ + dhvam.* Zu *rudh-* 'hemmen' lauten andererseits z. B. die Aktiv-Plural-Formen: 1. *a-raut-s-ma* (Assimilation *-dh-s- > -ts-*), 2. *arauddha* (**a-raudh- + ta,* § 30, 1), 3. *arautsuḥ.*

Zu vergleichen sind die gr. *s*-Aoriste wie *ἔδειξα, ἔζευξα, ἔγραψα,* die lat. Perfekta *s*-aoristischen Ursprungs wie *vēxī, dīxī, dūxī.*

§ 115. Der *iṣ*-Aorist. An die augmentierte Wurzel (guṇiert, bei auslautendem Vokal im Aktiv vṛddhiert) wird *-iṣ-* gefügt. Endungen wie in § 114. Vgl. *lū-* 9 'abschneiden': *a-lāv-iṣ-am, alāvīḥ, alāvīt,* Plur. *alāviṣma, alāviṣṭa, alāviṣuḥ*; Medium *alaviṣi, alaviṣṭhāḥ, alaviṣṭa,* usw.; *budh-* 1 'erwachen': *abodhiṣam, abodhiṣi*; *pū-* 9 'reinigen': *apāviṣam, apaviṣi*; *grah-* 9 'ergreifen': *agrahīṣam* (*-ī-*).

In der älteren Sprache häufiger, im eigentlichen Sanskrit nur mehr wenige Textbelege. — Da dieser Aorist im allgemeinen zu Seṭ-Wurzeln (§ 37) gehört, wird *-iṣ-* in der Hauptsache auf wurzelschließendes *-ə + s-* zurückgehen; vgl. auch gr. Formen wie *ἐδάμασα, ἐκρέμασα.*

§ 116. Der *siṣ*-Aorist. Diese seltene Bildung begegnet nur bei einigen Wurzeln auf *-ā,* Diphthonge und *-am.* Sie ist nur aktivisch. *-siṣ-* tritt athematisch an die augmenttragende guṇierte Wurzel; vgl. *yā* 2 'gehen': *ayāsiṣam*; *ram-* 1 'sich ergötzen': *araṁsiṣam*.

§ 117. Der *sa*-Aorist. An die tiefstufige augmentierte Wurzel tritt *-sa-*. Die Flexion ist also thematisch und geht im Aktiv wie *abharam* (§ 84); im Medium einige Abweichungen. Zu *diś-* 6 'zeigen' lautet der *sa*-Aorist im Aktiv *adikṣam* (§ 24), *-aḥ*, *-at* usw., im Medium *adikṣi*, *adikṣathāḥ*, *adikṣata*, *adikṣāvahi*, *adikṣāthām*, *adikṣātām*, *adikṣāmahi*, *adikṣadhvam*, *adikṣanta*.

§ 118. Eine mit dem *s*-Aorist verwandte seltene Modusform, die etwa die Funktion des Optativs besitzt, wird Prekativ genannt; man bildet sie, indem man im Aktiv an die schwache Wz.-Form *-yās-* mit athematischen Endungen fügt. *budh-* 1 'erwachen' zeigt folgendes Paradigma:

	Singular	*Dual*	*Plural*
		Aktiv	
1.	budhyāsam	budhyāsva	budhyāsma
2.	budhyāḥ	budhyāstam	budhyāsta
3.	budhyāt	budhyāstām	budhyāsuḥ
		Medium	
1.	bodhiṣīya	bodhiṣīvahi	bodhiṣīmahi
2.	bodhiṣīṣṭhāḥ	bodhiṣīyāsthām	bodhiṣīdhvam
3.	bodhiṣīṣṭa	bodhiṣīyāstām	bodhiṣīran

Sprachgeschichtliche Deutung bei T. Burrow, Festschrift F. Weller (1954) 35ff., Indo-Iranian Journal 1 (1957) 61ff.

2. Futurum

§ 119. An die fast immer guṇierte Wurzel tritt das thematische Suffix *-sya-* (oder *-ṣya-* nach § 25), bei einigen Wurzeln *-iṣya-*. Flexion wie § 84. Vgl. *dā-* 'geben': *dāsyāmi*, *dāsyasi*, *dāsyati* usw., Medium *dāsye*, *dāsyase*, *dāsyate*; *kṛ-* 'machen': *kar-i-ṣyāmi*, Med. *kariṣye*.

Weitere Beispiele: *nī-* 'führen', *neṣyāmi*; *labh-* 'nehmen', *lapsyāmi*; *vas-* 'wohnen', *vatsyāmi* (-*ss*-> -*ts*-); *dṛś-* 'sehen', *drakṣyāmi*; *grah-* 'ergreifen', *grahīṣyāmi*; *sad-* 'sitzen', *sīdiṣyāmi*; Verba der 10. Klasse und Kausativa (§§ 83, 129) behalten -*ay*- und fügen -*iṣya*- an: *pat-*, Kausativ *pātayati*: *pātayiṣyāmi*.

Formal ein 'Imperfekt' zum Futurum ist der seltene Konditional: *adāsyam* 'ich würde geben, hätte gegeben, hätte geben sollen'.

§ 120. Ein Nomen agentis auf -*tṛ*- (*dā-tṛ-*'gebend': *dā-*) bildet mit dem Verbum 'sein' (*as-*, § 88) ein periphrastisches Futurum: *dātāsmi* 'ich werde geben' < *dātā asmi*. Die dritten Personen sind ohne verbale Form.

Aktiv

	Singular	*Dual*	*Plural*
1.	dātāsmi	dātāsvaḥ	dātāsmaḥ
2.	dātāsi	dātāsthaḥ	dātāstha
3.	dātā	dātārau	dātāraḥ

Medium

1.	dātāhe	dātāsvahe	dātāsmahe
2.	dātāse	dātāsāthe	dātādhve
3.	dātā	dātārau	dātāraḥ

3. Perfekt

§ 121. Der Stamm des Perfektums wird aus der Wurzel durch Reduplikation gebildet; diese folgt zumeist den in § 96 gegebenen Regeln, doch lautet der Reduplikationsvokal zu Wurzeln auf -*ṛ*, -*ṝ* und Diphthonge -*a*-. Anlautende *a*-, *ā*- werden im Perfektstamm *ā*- (*ad-* 'essen': Perf. *ād-a*, *āp-* 'erlangen': *āpa*); anlautende *ṛ*- sowie *a*- vor mehreren Konsonanten erhalten die Reduplikationssilbe *ān*: *ṛdh-* 'gedeihen', Perfektstamm *ān-ṛdh-*, *añj-* 'beschmieren', *ānañj-*. Mit *i*-, *u*-anlautende Wurzeln werden durch *iy*-, *uv*- redupliziert, die in den schwachen Formen (§ 122) mit dem Wurzelvokal in *ī*-, *ū*- kontrahiert werden: *iṣ*- 'wünschen', *iy-eṣ-a*, *īṣ-uḥ*; *uṣ*- 'brennen', *uvoṣa*, *ūṣuḥ*; Wurzeln mit *ya*, *va* werden durch *i*, *u* redupliziert; die Tiefstufenform im schwachen (§ 122) Stamm, *i*, *u*, verbindet sich mit diesen Reduplikationen zu *ī*, *ū*: *yaj*- 'opfern', *i-yāj-a*, *īj-uḥ*; *vac*- 'sprechen', *uvāca*, *ūcuḥ*.

§ 122. Die Wurzel ist im Aktiv Singular im allgemeinen guṇiert (stark), in den übrigen Formen tiefstufig (schwach). Wurzeln mit mittlerem *-a-* haben in der 1. Sing. Akt. *-a-* oder *-ā-*, in der 3. Sing. immer *-ā-*. Desgleichen haben Wurzeln auf *-i*, *-ī*, *-u*, *-ū*, *-ṛ*, *-ṝ* in der 1. Sing. Akt. beliebig, in der 3. Sing. immer Vṛddhi. Konsonantisch an- und auslautende Wurzeln mit Natur- oder Positionslänge (*jīv*-, *nind*-) zeigen keine Abstufung.

§ 123. Das Perfekt zeigt überdies eigene Endungen, die in dem ersten der hier folgenden Paradigmen durch Bindestrich abgesetzt werden.

a) Paradigma *tud*- 'stoßen' (starker Perfektstamm *tu-tod*-, schwach *tu-tud*-):

Aktiv

	Singular	*Dual*	*Plural*
1.	tutod-a	tutud-i-va	tutud-i-ma
2.	tutod-i-tha	tutud-athuḥ	tutud-a
3.	tutod-a	tutud-atuḥ	tutud-uḥ

Medium

1.	tutud-e	tutud-i-vahe	tutud-i-mahe
2.	tutud-i-ṣe	tutud-āthe	tutud-i-dhve
3.	tutud-e	tutud-āte	tutud-ire

b) Paradigma *kṛ*- 'tun'; c) *gam*- 'gehen'; d) *jīv*- 'leben'.

Diese Paradigmen, nur im Aktiv gegeben, lehren, daß der vor einigen Endungen stehende 'Bindevokal' *-i*- fehlen (b) oder wahlweise verwendet werden kann (c); sie zeigen die Längung des mittleren *-a-* von c (*gam-*, schwache Form *gm-*) und der Guṇaform von b (*kar-*) in der 3., wahlweise der 1. Person Singular (§ 122), sowie das Fehlen der Abstufung in *jīv-* (§ 122).

		Singular	
1.	cakara, cakāra	jagama, jagāma	jijīva
2.	cakartha	jagantha, jagamitha	jijīvitha
3.	cakāra	jagāma	jijīva
		Dual	
1.	cakṛva	jagmiva	jijīviva
2.	cakrathuḥ	jagmathuḥ	jijīvathuḥ
3.	cakratuḥ	jagmatuḥ	jijīvatuḥ
		Plural	
1.	cakṛma	jagmima	jijīvima
2.	cakra	jagma	jijīva
3.	cakruḥ	jagmuḥ	jijīvuḥ

Die vedische Sprache weicht v. a. in folgenden Einzelheiten ab: In der 3. Plur. Med. erscheint auch *-rire* (*vi-vid-rire*); der 'Bindevokal' ist anders verteilt; manche Reduplikationen widersprechen den klassischen Regeln (*sa-sū-*, Wz. *sū-* 'gebären'; gedehnt *vā-vṛt-*, Wz. *vṛt-* 'rollen'); wir finden Konjunktive, Optative, Imperative des Perfektstammes, sowie ein augmentiertes Plusquamperfektum. — Die Stellung des vedischen Akzents erklärt, warum nur im Sing. Akt. die Wurzel vollstufig ist; denn er trifft in allen anderen Formen die Endung. Vgl. Akt. 1. Sing. *tutóda*, aber Du. *tutudivá*, Pl. *tutudimá*, Sing. Med. *tutudé*.

Zu vergleichen sind die reduplizierten Perfekta wie gr. *δέδορκα*, *λέλοιπα*, lat. *memordī/momordī*, *tetulī*, *tutudī*; ai. *cakar-a*, vgl. gr. *δέδορκ-α*, *-tha* = gr. *οἶσ-θα* (§ 126), *-a* = gr. *-ε*. Die Länge von mittlerem *-ā-* in der 3. Sg. Akt. (§ 122) ging wohl von Fällen wie *jagāma* ~ got. *qam* aus, wo *-ā-* für **-o-* lautgesetzlich war (§ 9; älteres *jagăma* der 1. Sg. vielleicht wegen einer Grundform **gʷegʷom̥a*, wobei *-o-* nicht in offener Silbe stand). — Stammabstufung und Akzentwechsel des Ai. spiegeln die germanischen Präterita noch deutlich wider: vgl. 3. Sg. ved. *jujóṣa* 'hat genossen', Plur. *jujuṣúḥ* mit ahd. *kôs* 'wählte', *kurum* 'wir wählten' < urgerm. **kaus*, früh **káus-a* (ai. *-jóṣ-*), aber **kuzum*, früh **kusum-é* (ai. *-juṣ-'*).

§ **124.** Wurzeln mit mittlerem *-a-*, welche mit dem eigenen Anlautkonsonanten redupliziert werden (also *pac-* : *papac-*, *sad-* : *sasad-*, nicht aber *gam-* : *jagam-*, *has-*; *jahas-*) bilden den schwachen Stamm ohne Reduplikation, jedoch mit *-e-* statt *-a-* in der Wurzelsilbe; *sasad-* : *sed-*, *papac-* : *pec-*, *tatap-* : *tep-* usw. Tritt an die 2. Sing. Akt. die Endung *-itha* statt *-tha*, so wird auch diese Person vom schwachen Stamm gebildet.

Paradigma *tap-* 'büßen':

Aktiv

	Singular	*Dual*	*Plural*
1.	tatapa, tatāpa	tepiva	tepima
2.	tataptha, tepitha	tepathuḥ	tepa
3.	tatāpa	tepatuḥ	tepuḥ

Medium

1.	tepe	tepivahe	tepimahe
2.	tepiṣe	tepāthe	tepidhve
3.	tepe	tepāte	tepire

Der Ursprung dieser Bildung liegt in den regelmäßigen schwachen Formen (z. B. 1. Plur. Akt.) **sa-sd-ima* (> **sazd-*) neben *sasằda*, **ya-im-ima* neben *yayằma* (*sad-* 'sitzen', *yam-* 'reichen'), die zu *sedima*, *yemima* werden mußten (**az*, **ai* > *e*, § 14); das Muster *sa-sad-/sed-* wurde dann auf *ta-tap-/tep-*, *pa-pat-/pet-* (: *pat-* 'fallen') übertragen. Das Vedische hat noch *pa-pt-úḥ* neben *petúḥ*, u. dgl.

§ **125.** Wurzeln auf *-ā* haben in der 1. und 3. Sing. Aktiv *-au* als Endung; in den schwachen Formen (und in der 2. Sing. Aktiv vor *-itha*) fällt der Wurzelvokal weg.

Paradigma *dhā-* 'setzen',

Aktiv

	Singular	*Dual*	*Plural*
1.	dadhau	dadhiva	dadhima
2.	dadhātha, dadhitha	dadhathuḥ	dadha
3.	dadhau	dadhatuḥ	dadhuḥ

Medium *dadhe*, *dadhiṣe* usw.

Vedisch *paprā́* neben *paprā́u* (*prā-* 'füllen'). — Wohl nicht vom lat. *-vī*-Perfekt wie *plēvī*, *nōvī* usw. zu trennen; s. die Lit. bei Thumb-Hauschild, Handbuch des Sanskrit I 2, 291f., und W. Krause, Festschrift F. Sommer (1955) 137ff.

§ 126. Das Perfekt zu *bhū-* 'sein, werden' lautet *babhūva*, *babhūvitha*, *babhūva*, Plur. *babhūvima*, *babhūva*, *babhūvuḥ*. — *ji-* 'siegen': Perf. 3. Sing. Akt. *ji-gāy-a*, Plur. *ji-gy-uḥ*; *hi-* 'werfen': *jighāya*, *jighyuḥ*; *han-* 'schlagen': *jaghāna*, *jaghnuḥ*. *ci-* 'sammeln' bildet *cicāya* oder *cikāya*.

babhūva ist ein Archaismus (: gr. πε-φυ-ώς), vgl. auch ved. *sa-sū-*, § 123; die Perfekta von *ji-*, *hi-* usw. beweisen, daß *j*, *h* dort Palatalisationen von *g*, *gh* sind, §§ 18, 27.

ah- 'sprechen' kommt nur in den Perfektformen *āha*, *āttha*, *āha*, Dual 2. *āhathuḥ*, 3. *āhatuḥ*, Plur. 3. *āhuḥ* vor.

Ein 'Praeterito-Praesens' ist das reduplikationslose *veda* 'ich weiß', Wurzel *vid-*: Sing. 2. *vettha*, 3. *veda*, Plural *vidma*, *vida*, *viduḥ*.

veda, *vettha*, *vidma* = griech. οἶδα (οἶδε), οἶσθα, ἴδμεν, got. *wait*, *waist*, *witum*.

§ 127. Ein periphrastisches Perfekt wird von den abgeleiteten Verben, v. a. den Kausativen, gebildet, ferner von *ās-* 'sitzen' und von Wurzeln, die mit einem Vokal (außer *ă-*) anlauten und natur- oder positionslang sind. Seine Bildungsweise: *-ām* tritt bei den abgeleiteten Verben an den Präsensstamm, bei den übrigen an die Wurzel, und damit wird das Perfekt von *kṛ-* 'tun' (§ 123), *as-* 'sein' (*āsa*) oder *bhū-* 'sein, werden' (§ 126) verbunden:

ās- 'sitzen': *āsām-āsa*, *āsāṁ-cakre*, *āsāṁ-babhūva*;
cint- 'denken', Kl. 10 (*cint-ay-a-ti*): *cintayām-āsa*;
tuṣ-, Kaus. *toṣayati* 'befriedigt': *toṣayām-āsa*.

4. Abgeleitete Konjugationen

§ 128. Das Passiv wird durch Antritt eines Stammbildungselementes *-ya-* an die schwache Form der Wurzel gebildet; die Endungen sind die eines Mediums der thematischen Klassen (§ 84).

Vgl. *yuj-* 'verbinden': *yuj-ya-te* 'er wird verbunden', *dviṣ-* 'hassen', *dviṣyate*.

Schließendes *-i-*, *-u-* der Wurzel wird vor *-ya-* gelängt: *ji-* 'siegen', *jīyate*; *śru-* 'hören', *śrūyate*. Wurzelschließendes *-ṛ-* erscheint vor *-ya-* als *-ri-*, nach Doppelkonsonanz als *-ar-*; *-ṝ-* erscheint als *-īr-*, nach Labial *-ūr-*: *kṛ-* 'machen', *kriyate*; *smṛ-* 'gedenken' *smaryate*; *tṝ-* 'überschreiten', *tīryate*; *pṝ-* 'füllen', *pūryate*. Wurzeln auf *-ā-* zeigen meist *-ī-*: *dā-* 'geben', *dīyate*. Es erscheinen auch Fälle mit unveränderter hochstufiger Wurzel (*jñā-* 'wissen', *khād-* 'essen', *nind-* 'tadeln', *gam-* 'gehen': *jñāyate*, *khādyate*, *nindyate*, *gamyate*). Zu merken sind ferner *bandh-* 'binden': *badhyate*, *vac-* 'sprechen': *ucyate*, *vas-* 'wohnen': *uṣyate*, *yaj-* 'opfern': *ijyate*, *grah-* 'ergreifen': *gṛhyate*, *jan-* 'geboren werden': *jāyate*, *śās-* 'befehlen': *śiṣyate*.

Verba der Klasse 10 (§ 83) und Kausativa (§ 129) bilden das Passiv von der Form des Präsensstammes nach Abtrennung von *-aya-*: *cur-* 10 'stehlen' (*cor-aya-ti*), Pass. *coryate*; *vad-* 'sprechen', Kausativ *vādayati*, Pass. *vādyate*.

Das zum Passiv gewordene *-i̯*-Präsens zeigt also, bis auf wenige Ausnahmen, schwundstufige (§ 36) Wurzelform: **kr̥-i̯-* > **kr-ii̯-*, **tr̥ə-i̯-*, **pl̥ə-i̯-* > *tīr-y-*, *pūr-y-* (§ 13); **də-* (Schwundstufe von *dā-*, § 37), > **di-*, aber *dī-y-* mit der nämlichen Dehnung wie bei *jīy-*, *śrūy-*; auch **gʷm̥-i̯-* > *gam-y-*; **bhn̥dh-i̯-* (: *bandh-*) > *badh-y-* (§ 8), *uc-*, *uṣ-* (§ 25), *ij-* als Schwundstufen von *vac-*, *vas-*, *yaj-*; **ǵn̥ə-i̯-* (§ 9) > *jā-y-*; **kəs-* > *śiṣ-* (§§ 11, 25), Hochstufe *śās-*.

Als Futur, Perfekt und Aorist des Passivs verwendet man die entsprechenden Formen des Mediums; doch wird eine 3. Sing. Aor. des Passivs durch Anfügung von *-i* an die augmenttragende guṇierte (und bei *-a-* in offener Silbe meist vṛddhierte) Wurzel gebildet: *budh-* 'erwachen': *a-bodh-i*; *śru* 'hören': *a-śrāv-i*; *kṛ-* 'machen': *a-kār-i*; aber z. B. *jan-* 'geboren werden', *dam-* 'bändigen', *ajani*, *adami*.

Im Vedischen auch unaugmentierte Formen wie *śrā́vi*.

§ 129. Kausativa werden aus der Wurzel in der selben Weise wie die 10. Präsensklasse (§ 83) gebildet: *budh-* 'erwachen': Kaus. *bodhayati* 'er erweckt', *dṛś-* 'sehen': *darśayati* 'er läßt sehen, zeigt', *nī-* 'führen': *nāyayati* 'läßt führen', *kṛ-* 'machen': *kārayati* 'er läßt machen', aber *jan-* 'geboren werden': *janayati* 'er erzeugt'. Sie bezeichnen die Veranlassung der Handlung, die das Grundverbum ausdrückt.

Sprachgeschichtliche Erklärung: o. S. 67.

Auf *-ā* (*-ai*) auslautende Wurzeln haben als Kausativzeichen meist *-paya-*, vor dem *-ā-* mitunter als Kürze erscheint: *jñā-* 'wissen', *gā(i)-* 'singen', *dā-* 'geben': *jñăpayati*, *gāpayati*, *dāpayati* ('läßt geben'). Zu merken sind *ṛ-* 'gehen', *adhi-i-* 'studieren', *ruh-* 'ersteigen': *arpayati*, *adhyāpayati*, *ropayati* (neben *rohayati*), u. dgl.

Zum Perfekt der Kausativa siehe § 127, zum Passiv § 128; das Futurum wird vom Kausativstamm aus gebildet, vgl. *bodhayiṣyati*: *bodhayati* (*budh-*); als Aorist dient der reduplizierende Aor. (§ 113). Partizipien: § 131, 135, Infinitiv § 137, Absolutiva § 139.

§ 130. Intensiva werden durch einen Stamm mit verstärkter Reduplikation und *-ya-* gebildet: *pā-pac-yate* 'er kocht wiederholt': *pac-* 'kochen'; *rorūyate* 'er schreit sehr': *rū-* 'schreien'; andere Bildungen sind *vevetti*, *vevedīti* (: *vid-* 'wissen'), *dari-drā-ti* (: *drā-* 'laufen'), *barībharti* (: *bhṛ-* 'tragen'), usw.

Desiderativa fügen *-sa-* (*-iṣa-*) an die reduplizierte Wurzel: *pi-pā-sati* 'wünscht zu trinken': *pā-* 'trinken', *śu-śrū-ṣati* 'möchte hören' (: *śru-*). — Zu merken *ditsati*, *dhitsati*: *dā-* 'geben', *dhā-* 'setzen'; *īpsati*: *āp-* 'erlangen'; *jighāṁsati*: *han-* 'töten', usw.

Mittels *-ya-* können von Nominalstämmen denominative Verben abgeleitet werden, wie *amitra-yati* 'ist feindlich': *amitra-* 'Feind', *dolā-yate* 'schaukelt': *dolā-* 'Schaukel', *tapas-yati* 'kasteit sich': *tapas-* 'Buße'. Zu beachten ist gelegentliche Längung des Stammauslautes (z. B. in *kṛṣṇāyati* 'färbt schwarz', *kavīyant-* 'wie ein Weiser handelnd': *kṛṣṇa-* 'schwarz', *kavi-* 'Weiser'), sowie das Eintreten eines Stammes auf *-ī-* für *a*-Nomina: *putrī-yati* 'wünscht einen Sohn' (*putra-* 'Sohn').

Das Verbum Infinitum

a) Partizipien

§ 131. Ein Partizipium des Präsens Aktiv wird vom Präsensstamm durch das schon § 62 besprochene Suffix *-ant-/-at-* abgeleitet: *bhṛ-* 1, *bharant-*; bei athematischen Verben (z. B. *bhinad-mi*: *bhind-anti*/ *bhid-*) tritt *-ant-* an die schwache Form: *bhind-ant-*. Verba der Klasse 3 (§§ 96ff.) haben nur *-at-*: *dā-* 3 (*dadāti*), *dadat-*.

Auch Kausativa und Futura bilden so ihr Partizipium: *sādayati* 'setzt', *bhaviṣyati* 'wird sein': *sādayant-*, *bhaviṣyant-*.

§ 132. Das mediale Partizipium Praesentis fügt in den thematischen Klassen *-māna-* (f. *-ā-*), in den athematischen *-āna-* (f. *-ā-*) an den Präsensstamm: *bhṛ-* 1, *bharamāṇa-*[28]), *śru-* Passiv, *śrūyamāṇa-*, *dā-* Futurum (medial): *dā-sya-māna-*; *bhid-* 7, *bhindāna-*; zu merken *ās-* 2 sitzen: *āsīna-*.

Vgl. *-māna-* mit gr. *φερό-μενο-ς*, lat. *alu-mn-us*, usw.

§ 133. Das Partizipium Perfekti Aktivi, dessen Flexion schon in § 68 mitgeteilt worden ist, fügt *-vas-* an den schwachen Perfekt-Stamm (§ 122): *kṛ-* 'machen', schwacher

[28]) *-ṇ-* nach § 20.

Perf.-Stamm *ca-kṛ-* (1. Plur. Akt. *cakṛma*), Part. Perf. Akt. *cakṛvas-*. Gewöhnlich tritt, wenn der schwache Stamm einsilbig ist (*ūc-* : *uvāca*, *tep-* : *tatāpa*, *jajñ-* : *jajāna*, §§ 121, 124), der Bindevokal *-i-* vor das Suffix: *ūcivas-* 'gesprochen habend', *tepivas-* 'sich kasteit habend', *jajñivas-* 'gezeugt habend'; doch *vidvas-* 'wissend'.

§ 134. Das Partizipium Perfekti Medii fügt *-āna-* an den schwachen Perfekt-Stamm (§ 122): *tud-* 'stoßen', *tu-tud-āna-*; *kṛ-* 'tun', *ca-kr-āṇa-* (§ 20); *tap-* 'büßen', *tep-āna-*.

§ 135. Partizipia Perfekti Passivi (mit aktiver Bedeutung bei intransitiven Verben) werden durch Anfügen von *-ta-* (f. *-tā-*) oder *-na-* (f. *-nā-*) an die tiefstufige Wurzel gebildet.

Neben *-ta-* kommt, gewöhnlich bei Seṭ-Wurzeln (§ 37), auch *-ita-* vor. Vgl. *śru-* 'hören', P. P. P. *śruta-*; *kṛ-* 'tun', *kṛta-*; *pat-* 'fallen', *patita-*. Weitere *-ta*-Partizipien zeigen Besonderheiten, zu deren Verständnis es lautgeschichtlicher Kenntnisse bedarf; z. B. *vac-* 'sprechen', *ukta-*, *yaj-* 'opfern', *iṣṭa-*, *śās-* 'befehlen', *śiṣṭa-*, *bandh-* 'binden', *baddha-*, *man-* 'meinen', *mata-*, *jan-* 'geboren werden', *jāta-*, *dam-* 'bändigen', *dānta-*, *dah-* 'brennen', *dagdha-*, *guh-* 'verbergen', *gūḍha-*, *lih-* 'lecken', *līḍha-*, *vah-* 'fahren', *ūḍha-*, *sthā-* 'stehen', *sthita-*, *dhā-* 'setzen', *hita-*.

Folgende Laut- und Ablautgesetze sind zur Erklärung heranzuziehen: die Schwundstufe (§ 36) zu ai. *ya*, *va* = *u*, *i*; zu *ā* = **ə* > *i* (§ 11; daher *śiṣ-* zu *śās-*, mit *-ṣ-* nach § 25); zu *an*, *am* = **m̥* > *a* (§ 8), zu *an*^{i} (§ 37) = **n̥ə̥* > *ā* (§ 9) [und zu *dam*^{i}- : **dm̥ə̥-tó-* > *dān-ta-*, § 9?]. — Herkunft von *c* aus **k* (§ 18; *uk-ta-*), von *j* aus **ǵ* (und **ǵt* > **kt* > ai. *ṣṭ*, ai. *iṣṭa-*, §§ 19, 25), von *h* aus **gh*, **ǵh* (§ 27); **dh-t* usw. > *ddh* (§ 30, 1), daher auch **liǵh-ta-* > **liźdha-*, *līḍha-* (: *lih-*), **uǵh-ta-* > **uźdha-*, *ūḍha-* (*-u-* Schwundstufe zu *vah-*); *h* auch aus **dh* (§ 27), **dhə-tó-* > *hita-* (*dhā-*).

Das *-ta*-Partizip stammt aus einem idg. Verbaladjektiv auf *-tó-*: vgl. gr. *στατός*, lat. *status*, usw.

Kausativa und Verba der 10. Klasse bilden das P. P. P. stets auf *-ita-*; sie zeigen davor die Form ihres Stammes ohne *-aya-* : *cur-* 10 'stehlen', *cor-ita-*; *sthāpayati* 'stellt', *sthāpita-*.

-na- ist seltener: vgl. *kṛ-* 'ausstreuen', *kīrṇa-* (§ 20); *pṝ-* 'füllen', *pūrṇa-*; *hā-* 'verlassen' *hīna-*; *kṣi-* 'zerstören', *kṣīṇa-*; *lū-* 'abschneiden', *lūna-*; *bhañj-* 'zerbrechen', *bhagna-*; *sad-* 'sitzen', *sanna-*.

Schwundstufige Wurzel (**kṛ̥-*, **pḷ̥-*, **bhn̥g-*); zu beachten die Längung von *kṣi-* und **hi-* (Schwundstufe von *hā-*) vor *-na-* (s. dazu M. Leumann, Indogermanische Forschungen 58, 1942, 24) und die Assimilation in **sad-na-* > *sanna-*, etc.

Herkunft aus einem idg. Verbaladjektiv auf *-nó-* : vgl. gr. *ἁγ-νό-ς*, lat. *plē-nus*, *dignus* usw.; partizipiale Bedeutung v. a. in **(-e/o-)no-* des German. und Slaw., vgl. got. *bund-an-s* 'gebunden', aksl. *nes-en-ъ* 'getragen'.

Durch Anfügung von *-vant-* (§ 62) an Partizipien auf *-ta-* und *-na-* kann ein aktives Partizipium Perfekti gebildet werden: *ukta-* 'gesprochen' (: *vac-*), *ukta-vant-* 'gesprochen habend'; *cint-* Kl. 10, *cintita-vant-* 'gedacht habend'; *chid-* 'spalten', *chinna-vant-* 'der gespalten hat'.

§ 136. Ein Partizipium Necessitatis (auch *Partizipium Futuri* oder *Gerundiv* genannt) wird mittels der Suffixe *-tavya-*, *-anīya-* und *-ya-* (*-tya-*) gebildet. *-tavya-* tritt an die gunierte Wurzel (§ 35): *kṛ-* 'tun', *kar-tavya-* 'was getan werden muß'; *ji-* 'besiegen', *jetavya-* 'zu besiegen'; *bhū-* 'werden', *bhavitavya-* 'was zu werden hat' (*-i-* bei Seṭ-Wurzeln [§ 37]); *śru-* 'hören', *śrav-aṇīya-* 'was zu hören ist' (§ 20); *budh-* 'erwachen', *bodhya-* 'zu erwachen'. Vor *-ya-* erscheinen auch Vṛddhi und noch andere Formen der Wurzel: *sādya-* (*sad-* 'sitzen'), *kārya-* (*kṛ-* 'tun'), *bhāvya-* und *bhavya-* (*bhū-*), *jeya-* und *jayya-* (*ji-*), *deya-* (*dā-* 'geben'). Daneben kommt *-t-ya-*, mit schwacher Gestalt der Wurzel, vor: *itya-* 'zu gehen' (*i-*), *śrutya-* 'zu hören, was gehört werden muß' (*śru-*); ähnliches § 139.

b) Infinitiv

§ 137. Der Infinitiv wird durch *-tum* gebildet, das an die hochstufige (guṇierte) Wurzel tritt; häufig, ursprünglich bei Seṭ-Wurzeln (§ 37), erscheint *-i-* vor *-tum.* — Vgl. *dā-* 'geben', *dā-tum*; *nī-* 'führen', *netum*; *śru-* 'hören', *śrotum*; *bhū-* 'werden', *bhavitum*; *pat-* 'fallen', *patitum*; *yudh-* 'kämpfen', *yoddhum*; *vah-* 'fahren', *voḍhum*; *sthā-*, Kausativum *sthāpayati*, Inf. *sthāpay-i-tum.*

Es sind dieselben Lautgesetze zu beachten wie beim Antritt des Partizipalsuffixes *-ta-* an konsonantische Wurzelschlüsse (§ 135).

Ai. *-tum* ist ursprünglich der Akk. Sing. eines Nomens auf *-tu-*; die gleiche Bildung zeigt das lat. Supinum, z. B. *da-tum.* Das Vedische verwendet auch andere Kasusformen von *-tu-* als Infinitive, so *-toḥ*, *-tave*, *-tavai*; es hat noch eine Fülle weiterer Infinitivbildungen, z. B. auf *-taye*, *-mane*, *-vane*, *-ase*, *-adhyai* usw.

c) Absolutiva

§ 138. Eine eigene syntaktische Note des Sanskrit liegt in der Verwendung der Absolutiva oder Gerundien. Sie sind im Deutschen am besten durch einen Nebensatz mit 'als' oder 'nachdem' (bzw. eine Partizipialkonstruktion) wiederzugeben. Vgl.: *Damayantī tu tac chrutvā vaco* ... "Als aber Damayantī diese Rede gehört hatte"; *śṛgālo 'yam iti matvā* "'Dies ist ein Schakal' — indem er so überlegte ..."; *śūnyaṁ vāsagṛhaṁ vilokya* "das leere Schlafzimmer betrachtend ..."; usw.

§ 139. Vier Suffixe können Absolutiva bilden: *-tvā*, *-ya*, *-tya* und das seltene *-am.* Vor *-tvā* nimmt die Verbalwurzel in der Regel dieselbe Gestalt an wie vor dem Suffix *-ta-* (§ 135), vgl. *vac-* 'sprechen' : *uktvā* (: *ukta-*), *svap-* 'schlafen' : *suptvā*, *gam-* 'gehen' : *gatvā*, *sthā-* Kausativum : *sthāpayitvā.*

-ya[29]) tritt an Wurzeln, die mit Präpositionen zusammengesetzt sind. Vgl. *ā-dā-* 'nehmen' : *ādāya*, *ni-pat-* 'nieder-

[29]) Kausativa mit langer Wurzelsilbe lassen *-ay-* vor *-ya* fallen: *ava-tārayati* 'holt herüber', *avatārya*; aber *saṁ-gamayati* 'führt zusammen' (mit kurzer Wz.-Silbe) : *saṁ-gamay-ya.*

fallen': *nipatya*; *jan-* 'geboren werden' und *khan-* 'graben' bilden °*jā-ya*, °*khā-ya* ebenso wie °*jan-ya*, °*khan-ya*. Zusammengesetzte Wurzeln auf kurzen Vokal haben *-tya*, vgl. *sat-kṛ-* 'bewirten': *sat-kṛ-tya*, *abhi-dru-* 'herbeilaufen': *abhi-dru-tya*. Zu merken *ni-han-* 'niederschlagen': *ni-ha-tya* (u. dgl.), sowie die Doppelmöglichkeit *ā-gam-ya* und *ā-ga-tya* zu *ā-gam-* 'herkommen'.

°*jā-ya* < **ǵn̥̥ə̥-*, § 9; °*ha-tya*, °*ga-tya* zeigen *-a-* aus **-n̥-*, **-m̥-*, § 8. *-t-ya* neben *-ya* ist vergleichbar mit *-tya-* : *-ya-* beim Part. necess., § 136.

-am: z. B. *kār-am* (*kṛ-* 'tun'), *vād-am* (*vad-* 'sagen'), *ved-am* (*vid-* 'wissen').

F. Komposition

§ 140. Verbale Komposition. — Altindische Verba können mit Präpositionen zusammengesetzt und dadurch in ihrer Bedeutung modifiziert werden. Die wichtigsten dieser Präpositionen sind:

ā- 'herbei, her': Vgl. *ā-gacchati* 'kommt heran';

abhi- 'gegen, zu, um': Vgl. *abhi-dravati* 'eilt zu, geht los';

adhi- 'darüber, zu, hinein': Vgl. *adhi-gacchati* 'findet, trifft an'; *adhi-karoti* 'setzt über etwas';

anu- 'gegen, nach, an': *anu-patati* 'verfolgt, läuft nach';

apa- 'weg, fort': *apa-nayati* 'führt fort';

api- 'gegen, dazu, noch': *api-gacchati* 'betritt';

ati- 'über-hinaus': *ati-gacchati* 'vergeht';

ava- 'herunter, weg': *ava-rohati* 'steigt herunter';

ni- 'nieder, hinein': *ni-patati* 'fällt nieder';

niṣ- (*nir-*, *niḥ-*) 'hinaus, ent-': *nir-viśati* 'geht hinaus';

parā- 'über, durch, weg': *parā-jayati* 'besiegt';

pari- 'um, herum': *pari-ṇayati* 'führt herum';

pra- 'vorwärts, hervor': *pra-bhavati* 'entsteht, kommt ans Licht';

prati- 'gegen, entgegen, zurück' : *prati-bhāṣate* 'entgegnet, antwortet';

sam- 'zusammen' : *saṁ-yacchati* 'hält zusammen';

upa- 'herzu, hin, gegen' : *upa-śṛṇoti* 'hört an';

ut- 'empor, fort, hinaus' : *ud-yacchati* 'hebt empor, fördert';

vi- 'auseinander' : *vi-gacchati* 'geht auseinander, geht weg'.

Diese Präpositionen sind idg. Erbgut; vgl. etwa *apa* : *ἀπό*, *api* : *ἐπί*, *pari* : *περί*, *pra* : *πρό*, *prati* : *προτί*, *upa* : *ὑπό*, usw.

Mit *kṛ-* 8 'machen', *bhū-* 1 'werden' können auch Nomina zusammengesetzt werden, wobei stammschließendes *-a-*, *-an-* zu *-ī-* wird; *-i-*, *-u-* werden gelängt. Vgl. *avyaya-* 'indeklinabel', *avyayī-bhavati* 'wird indeklinabel'; *ākula-* 'verwirrt', *ākulī-karoti* 'macht wirr'; *śuci-* 'rein', *śucī-bhavati* 'wird rein', u. a. Diese beiden Verba verbinden sich auch mit bestimmten Adverbien: *alaṁ-karoti* 'schmückt' (: *alam* 'genug'); *āvir-bhavati* 'wird offenbar' (*āviḥ*).

§ 141. Nominalkomposita. — Nominale Zusammensetzungen sind im Sanskrit sehr häufig; mit dem Fortschreiten des Stils wird mehr und mehr ein großer Teil der Satzinhalte durch umfangreiche Komposita ausgedrückt. Schon aus einem epischen Text wie dem Nala-Lied läßt sich belegen, daß ein längerer Satz außer durch das Subjekt z. B. durch ein Dvandva-Kompositum (§ 142) und eine infinite Form, das Part. Perf. Akt. (§ 135) von *dṛś-* 'sehen' (wörtlich '[wir sind] gesehen habende'), gebildet werden konnte: *vayaṁ hi devagandharvamānuṣoragarākṣasān dṛṣṭavantaḥ* 'wir aber haben Götter, Gandharven, Menschen, Schlangen und Rākṣasas gesehen'. Die Fähigkeit, Komposita richtig aufzulösen, ist darum eine Voraussetzung für das praktische Textverständnis.

Die altindische Wissenschaft hat den Kompositaltypen Namen gegeben, die z. T. in die Terminologie der abendländischen Linguistik eingegangen sind; sie werden über den folgenden Paragraphen mitgeteilt.

Allgemein ist zu bemerken, daß die Bestandteile der Komposita gewöhnlich in der Stammform, bei mehrfacher Abstufung (§ 58) in der mittleren oder schwachen Form erscheinen; die in den §§ 73ff. angeführten 'Stämme' der Pronomina werden in der Komposition sichtbar. Für *mahānt-* (§ 62) steht als Vorderglied *mahā-*; Schlußglieder gehen mitunter in die *-a-*Deklination (§ 39) über.

Für die beiden letzten Regeln ist das Kompositum aus *mahānt-* 'groß' und *rājan-* 'König' beispielhaft: *mahā-rāja-* m. 'Großkönig'. *mahā-* ist eine ältere Form, an die *-nt-* erst sekundär getreten ist und die im Vedischen noch selbständig erscheint (Akk. *mahā́-m*, Gen. *mah-áḥ*). — Lautgesetze (§§ 8—30) und Sandhi-Regeln (§ 33), die auch für das Wortinnere Geltung haben, sind zum Verständnis der Komposita-Formen heranzuziehen.

1. Kopulative Komposita

dvandva- 'Paar'

§ 142. Die Glieder dieser Komposita müßten nach Auflösung mit 'und' verbunden werden, wie in nhd. *dreizehn* = 'drei und zehn', gr. *νυχθήμερον* = 'Nacht und Tag'. Sie kommen mit dualischer oder pluralischer Flexion des Hintergliedes, aber auch als kollektive Neutra Singularis vor. Vgl.: *putra-pautrāḥ* 'Söhne und Enkel'; *artha-dharmau* 'Nutzen und Recht'; *brāhmaṇa-kṣatriya-viṭ-śūdrāḥ* 'Brahmanen, Krieger, Kaufleute und Śūdras'. Kollektiv: *sukha-duḥkham* 'Freude und Schmerz'. Adjektivisch: *śukla-kṛṣṇa-* 'hell und dunkel'.

2. Determinative Komposita

tatpuruṣa- 'dessen Diener'

§ 143. Durch die Komposition wird ein Kasus-Verhältnis ausgedrückt; so ersetzt in dem zum Typus-Namen gewählten Beispiel *tat-puruṣa-* der Stamm *tad-* den Genetiv 'dessen' (ai. *tasya*). Vgl. nhd. *Königs-haus* 'des Königs Haus'. — Beispiele: *videśa-gamana-* n. 'das Gehen in die

Fremde'; *svarga-gati-* f. 'Fahrt zum Himmel'; *aśva-kovida-* 'pferdekundig'; mitunter erscheint nicht der Stamm, sondern eine flektierte Kasusform als Vorderglied: vgl. *divas-pati-* m. 'Herr des Himmels' (Gen. *divaḥ*).

karmadhāraya-

§ 144. Karmadhārayas — eine gesicherte Übersetzung des ai. Fachausdruckes ist nicht gefunden — sind Komposita, in denen das Hinterglied durch das Vorderglied attributiv näher bestimmt wird: vgl. *mahā-rāja-* m. 'Großkönig' (§ 141), *priya-sakhī-* f. 'liebe Freundin', *su-deva-* 'guter Gott', *su-kṛta-* 'wohlgetan', *kanyā-ratna-* n. 'Perle von einem Mädchen', *rāja-ṛṣi-* 'Königsweiser, königlicher Weiser'.

dvigu- 'aus zwei Rindern bestehend'

§ 145. Dies sind Determinativkomposita, deren Vorderglied ein Kardinalzahlwort ist. Sie bezeichnen in der Regel ein kollektives Verhältnis und haben meist die Form des Neutr. Sing., seltener die eines Femininums auf *-ī*: *tri-loka-* n., *tri-lokī-* f. 'die Gemeinschaft der drei Welten, die Dreiwelt'; *catur-yuga-* n. 'die vier Weltalter'; *tri-rātra-* n. 'Zeitraum von drei Nächten'.

3. Possessive Komposita

bahuvrīhi 'viel Reis besitzend'

§ 146. Diese primär adjektivischen Komposita sind durch '[eine bestimmte Eigenschaft] habend', 'in [einem bestimmten Zustand] befindlich' aufzulösen, wie nhd. *Dickkopf* = 'einen dicken Kopf habend, dessen Kopf dick ist', *Langfinger*, lat. *magn-animus*, gr. *ῥοδο-δάκτυλος* usw. — Vgl.: *divya-rūpa-* 'göttliche Gestalt besitzend', *mahātman-* 'großmütig, dessen Seele groß ist', *an-anta-* 'endlos, kein Ende habend', *su-manas-* 'guten Sinn habend, wohlgesinnt', *sa-bhārya-* 'die Gattin mit sich habend, von der Gattin begleitet', *prajā-kāma-* 'dessen Wunsch Nachkommenschaft ist, Kinder wünschend', *śastra-pāṇi-* 'ein Schwert in der Hand habend'.— *ādi-*, *ādika-*, *ādya-* 'erster, Anfang', seltener *prabhṛti-* 'Anfang' als Schlußglieder drücken 'usw., und die anderen' aus: *siṁhādayaḥ* 'der Löwe (*siṁha-*) usw., der Löwe und die anderen Tiere'; *ghaṭa-śarāvādika-* n. 'Krug, Teller usw.' (= was 'Krug [*ghaṭa-*] und Teller [*śarāva-*] als erstes hat'), *siṁha-vyāghra-dvīpi-vṛka-prabhṛtayaḥ* 'Löwen, Tiger, Panther, Wölfe, usw.'.

4. Adverbiale Komposita

avyayībhāva- 'indeklinabel'

§ 147. Avyayībhāvas — zur Bildung des Namens s. § 140 Ende — sind Adverbialkomposita in der Form des Akk. Sing. neutr., mit einem Indeklinabile (einer Präposition, einem Adverb u. dgl.) als Vorderglied. Vgl. *yathā-kāmam* 'nach Lust'; *sa-kopam* 'mit Zorn, im Zorne'; *praty-akṣam* 'vor Augen, offenkundig'; *yāvaj-jīvam* 'das ganze Leben lang, so lang das Leben währt'.

Anhang

Drei altindische Sprachproben

1. Die Morgenröte. Eine Probe vedischer Sprache. (Ṛgveda 6, 64, 3—4.)

váhanti sīm aruṇā́so rúśanto gā́vaḥ subhágām urviyā́ prathānā́m /
ápejate śū́ro ásteva śátrūn bā́dhate támo ajiró ná vóḷhā // 3 //
sugótá te supáthā párvateṣv avāté apás tarasi svabhāno /
sā́ na ā́ vaha pṛthuyāmann ṛṣve rayíṁ divo duhitar iṣayádhyai // 4 //.

'Es ziehen sie (die Morgenröte) rötlich-helle Stiere, die Holde, die sich weithin ausbreitet;
sie vertreibt (die Finsternis) wie ein tapferer Schütze die Feinde;
sie jagt die Finsternis wie ein rascher Wagenfahrer.
Gute Bahnen und gute Wege sind für dich auch in den Bergen; bei Windstille fährst du über die Gewässer, du Selbstleuchtende.
Du bringe uns, Breitbahnige, Hohe, Tochter des Himmels, Reichtum zur Labung!'

vah- (§ 84) 'fahren, ziehen' [lat. *vehere*, nhd. *be-wegen*]. — *sīm*, enklit. Akk. sg. 'sie, ihn' [zu ahd. *sī̆* 'sie'?]. — *aruṇá-* Adj. 'rötlich', ved. Nom. pl. *-ā́saḥ* (§ 39), im Sandhi *-ā́so* (§ 33, 12). — *rúśant-* Adj. 'leuchtend, hell', Nom. pl. *-aḥ* (§ 57). — *gó-* m. f. 'Rind, Stier, Kuh' (§ 54 [gr. βοῦς usw.]). — *su-bhága-*, f. *-ā-* Adj. 'lieblich, hold', urspr. Bahuvrīhi (§ 146) 'guten Anteil habend', aus *su-* 'gut' [= gr. ὑ-γιής] und *bhága-* 'Anteil, Glück' [∼ aksl. *bogatъ* 'reich']. — *urviyā́* Adv. 'weithin' [zu *urú-* 'weit, breit', vgl. gr. εὐρύς 'weit']. — *prathāná-* Part. Med. des Wz.-Aoristes von *prath-* 'ausbreiten' [vgl. *pṛthú-*, s. u., = gr. πλατύς 'breit'].

īj- + *ápa* (§§ 5, 14, 84) 'wegtreiben'. — *śū́ra-* Adj. 'heldenhaft, tapfer' [vgl. gr. κύριος 'herrschend, Herr']; *-o* nach § 33, 12. — *ásteva* für *ástā iva* (§ 33, 2), zu *ástar-* m. 'Schütze' (§ 52), *iva* 'wie'. — *śátru-* m. 'Feind' [vgl. nhd. *Hader*?]. — *bādh-* 'vertreiben, verjagen'. — *támas-* n. 'Dunkel, Finsternis' (§§ 33, 12; 60) [vgl. lat. *temere* 'blindlings', *tenebrae* 'Finsternis']. — *ajirá-* Adj. 'rasch, beweglich' [zu *aj-* 'antreiben', lat. *agere*]. — *ná* 'wie'. — *vóḷhar-* m., mit ved. -*ḷ*- für -*ḍ*- : *vóḍhar*- 'fahrend, Fahrer' < **vaẓḍhar*- < **vaẑh-tar*- (§§ 14; 30, 1), zu *vah*- 'fahren'.

sugótá für *sugā́ utá* (§ 33, 2), aus *su-gá*- 'gut gangbar, gute Bahn', *utá* 'und' [gr. ἠ-ύτε 'so wie']; *su-pátha*- 'schön gebahnt, guter Weg' (§ 66); ved. Nominative pl. n. auf -*ā*, § 39. — *te* enklit. 'dir' [= gr. τοι], § 73. — *párvata*- m. 'Fels, Berg', Lok. pl. -*eṣu* (§ 33, 4). — *a-vātá*- n. 'Windlosigkeit' [*a*- 'un-', = lat. *in*-, gr. ἀ-, german. *un*-, § 8; *vā́ta*- m. 'Wind', vgl. lat. *vēntus*]. — *ap*-, Akk. pl. (§ 69) 'Wasser'; § 33, 12. — *tṝ*- (Kl. I, § 83) 'überwinden'; Enklise des Verbs. — *svá-bhānu*- (unbetonter Vok. Sg.) 'selbstleuchtend', Bahuvrīhi (§ 146) aus *svá*- 'eigen' [lat. *suus*], *bhā́nu*- m. 'Licht'.

sā́ Dem.-Pron. 'diese, die' [= gr. ἡ, § 74]; mit einem Verbum in 2. Person verbunden etwa 'die du bist'. — *naḥ* (Sandhi: § 33, 12), enklit. Pers.-Pron. der 1. plur. (§ 73). — *vah*- mit *ā́* 'zubringen, zuführen', 2. sg. Imper. — *pṛthu-yāman*- Adj., Bahuvrīhi-Komp. 'mit breiter (*pṛthú*-, s. o.) Bahn (*yā́man*-)'; Vok. sg. — hier und in den Folgenden unbetont — auf -*an* (§ 65; Sandhi: § 33, 10). — *ṛṣvá*-, f. -*ā́*- Adj. (§§ 40, 41) 'hoch, erhaben'. — *rayí*- m. 'Reichtum, Gut' (§§ 11, 1; 56). — *div-áḥ* (§ 33, 12), Gen. sg. von *dyáuḥ* m. f. 'Himmel' (§ 55); *duhitár*- f. 'Tochter' [= gr. hom. Vok. Διὸς θύγατερ]. — *iṣ*-, *iṣ-aya*- 'kräftig sein', ved. Inf. auf -*adhyai* (§ 137).

2. Damayantī. Ein Stück epischer Sprache.

Nalopākhyāna I, 10—12. — Der Anfang dieses Gesanges ist oben S. 31f. mitgeteilt worden. Nach der dort begonnenen Einführung des Helden, Nala, geht die Erzählung auf die Heldin des kleinen Epos über und schildert, wie sich dem Vidarbher-Fürsten Bhīma der sehnliche Wunsch nach Kindern erfüllte: er wurde Vater dreier Prinzen und eines Mädchens, Damayantī. Damayantī aber —

Damayantī tu rūpeṇa tejasā yaśasā śriyā /
saubhāgyena ca lokeṣu yaśaḥ prāpa sumadhyamā // 10//
atha tāṁ vayasi prāpte dāsīnām samalaṁkṛtam /
śataṁ śataṁ sakhīnāṁ ca paryupāsacchacīmiva // 11//
tatra sma rājate bhaimī sarvābharaṇabhūṣitā /
sakhīmadhye 'navadyāṅgī vidyutsaudāmanī yathā // 12//

tu 'aber'. — *rūpa*- n. 'Gestalt, Schönheit' (§ 39). — *tejas*- n. 'Glanz, Hoheit'; *yaśas*- n. 'Ruhm, huldreiches Wesen' (§ 60). — *śrī*- f. 'Pracht, Herrlichkeit' (§ 51).

saubhāgya- n. 'Lieblichkeit, Reiz' (Vṛddhi-Ableitung [§ 35] zu *su-bhaga-*, s. oben 1, erste Zeile). — *ca* 'und' [= gr. τε, lat. *-que*]. — *loka-* m., sg. und plur. 'Leute, Menschen, Welt' (§ 39). — *āp-* + *pra-* 'erlangen' [vgl. lat. *apīscor*, *prō*], Perf. (§ 121). — *su-madhyama-*, f. *-ā-*, Bahuvrīhi (§ 146) 'mit schöner Mitte' (*su-* 'gut', *madhyama-* m. n. 'Körpermitte, Taille'; s. u., zur 6. Zeile).

atha 'dann, darauf, ferner'. — *ta-*, Dem.-Pron.: § 74. — *vayas-* n. 'Lebensalter, Jugendalter'; *prāpta-* 'erreicht', P. P. P. von *āp-* + *pra-* (s. o.); Lok. absol. (§ 38). — *dāsī-* f. 'Dienerin, Sklavin' (§ 50). — *kṛ-* + *sam-alam-* 'zurechtmachen, schmücken', P. P. P. °*kṛta-*.

śata- n. 'hundert, ein Hundert' [gr. ἑ-κατόν, lat. *centum*, § 24]. — *sakhī-* f. 'Freundin' (§§ 44, 50). — *ās-* 'sitzen' [gr. ἧσ-ται] + *pari-upa-* [gr. περί, ὑπό] 'umsitzen, im Sitzen umgeben, bedienen'; °*āsat* themat. 3. Sg. Imperf. — *śacī-* f. (Sandhi: § 39, 9) Name der Gattin Indras (§ 50). — *iva* 'wie, so wie'.

tatra 'dort, da'. — *sma* 'fürwahr, gewiß'. — *rāj-* 'glänzen, prangen', Kl. I, Med. (§ 84). — *Bhaimī-* f. (§ 50), Vṛddhi-Ableitung vom Namen *Bhīma-*: 'Die Bhīma-Tochter' (= Damayantī). — *sarva-* Adj. 'ganz, all' [gr. ὅλος], *ābharaṇa-* n. 'Schmuckstück, Schmuck', *bhūṣ-* (P. P. P. °*ita-*) 'schmücken'; mit dem Karmadhāraya (§ 144) *sarvābharaṇa-* 'aller Schmuck' vereinigt sich *bhūṣita-* zum Tatpuruṣa (§ 143) 'mit allem Schmuck angetan'.

madhya- n. 'Mitte' [lat. *medius*]; *sakhī-m*° Lok. sg. (§ 39) 'inmitten der Freundinnen'. — *anavadyāṅgī-* f. (Sandhi: § 33, 5; Flexion: § 50), Bahuvrīhi (§ 146) aus *anavadya-* Adj. 'fehlerlos' und *aṅga-* n. 'Glied, Körper'. — *vidyut-* f. 'Blitz' (§ 59). — *saudāmanī-* f. 'eine besondere Art Blitz, die Saudāmanī' (§ 50). — *yathā* 'wie, so wie'.

3. Der Hainbekränzte. Verse aus später höfischer Kunstdichtung.

Gītagovinda des Jayadeva (12. Jahrhundert n. Chr.) V, 10—11. Das erotisch-mystische Singspiel schildert die Liebe des Hirtengottes Kṛṣṇa zu Rādhā; die Entfremdung, Sehnsucht und endliche Versöhnung der beiden Liebenden. Der Aufforderung von Rādhās Freundin an die Liebende, ihre eifersüchtige Zurückhaltung aufzugeben und zu dem wartenden Kṛṣṇa zu eilen, sind die folgenden Verse entnommen. Die in der Sanskritdichtung sonst seltenen Binnen- und Endreime und die glühende Sprache des Gedichtes, das zu übersetzen sogar Goethe erwogen hatte, sucht Friedrich Rückerts freie Übersetzung wiederzugeben:

'Schwingt eine Taube sich, regt es im Laube sich, meinet er,
daß du gekommen,
Schmücket das Lager dir, blicket mit zager Begier dir entgegen
beklommen;
Unter dem Duftstrauch an Yamunas Lufthauch harret der
Hainbekränzte.
Laß die umzingelnden, plauderhaft klingelnden, liebesverrätrischen
Spangen,
Freundin, o husche zum dämmrigen Busche, von nächtlichen
Schleiern umfangen!
Unter dem Duftstrauch an Yamunas Lufthauch harret der
Hainbekränzte.'

patati patatre vicalati patre śaṅkitabhavadupayānaṁ /
racayati śayanaṁ sacakitanayanaṁ paśyati tava panthānaṁ /
dhīrasamīre yamunātīre vasati vane vanamālī // 10//
mukharamadhīraṁ tyaja mañjīraṁ ripumiva kelisulolaṁ /
cala sakhi kuñjaṁ satimirapuñjaṁ śīlaya nīlanicolaṁ /
dhīrasamīre yamunātīre vasati vane vanamālī // 11//.

pat- 'fliegen, schweben' [gr. πέτομαι 'fliege', lat. *petō* 'gehe darauf los'], Part. Präs. (§ 131) *patant-*; *patatra-* n. 'Flügel, Feder' [zu *pat-*]; *cal-* + *vi-* 'sich hin und herbewegen' [*cal-* mit *-l-* (§ 23) neben *car-* 'sich bewegen', gr. πέλομαι 'bin in Bewegung'], Part. Präs. *calant-*; *patra-* n. 'Blatt' [vgl. nhd. *Feder*]; Lokative absol. (§ 38). — *śaṅkita-* 'vermutend, argwöhnend, besorgt, ängstlich' (urspr. P. P. P. zu *śaṅk-*); *bhavant-* 'Du, Sie, ehrende Anrede' (§ 62), Stamm *bhavat-*, vor tönenden Lauten *bhavad°* (§ 33, 8); *upayāna-* n. 'Herbeikommen'.

rac-, *racayati* 'zurechtmachen, bereiten'. — *śayana-* n. 'Lager, Ruhestätte' [zu *śe-te* 'liegt' ∼ gr. κεῖ-ται, § 92]. — *sa-cakita-* 'angstvoll; mit (*sa-*, s. d. 2. Strophe) Schrecken (*cakita-*)'; *nayana-* n. 'Auge'; Bahuvrīhi (§ 146), adverbiell gebraucht (erläuternd zu *paśyati*). — *paśyati*, Präsens (suppletiv mit *dṛś-* 'sehen') 'sieht, beobachtet' [vollere Wurzelform *s-paś-*, vgl. lat. *speciō*, nhd. *spähen*]. — *tava* 'dein', Gen. sg. des Pers.-Pronom. d. 2. Person (§ 73). — *path-*, starker Stamm *panthān-* m. 'Weg, Pfad' : § 66.

dhīra- Adj. 'ruhig, langsam, anhaltend'; *samīra-* m. 'Wind'; Karmadhāraya (§ 144). — *Yamunā-* f. Name eines Flusses, Yamunā (heute Jumna, Dschamna); *tīra-* n. 'Ufer'; Tatpuruṣa (§ 143). — *vas-* 'wohnen, sich aufhalten' [got. *wisan* 'sein', nhd.

Wesen, ge-wesen]. — *vana-* n. 'Wald'. — *vana-mālin-* Adj. 'einen Waldblumenkranz tragend' (zu *vana-*, s. d. Vor., und *mālā-* f. 'Kranz').

mukhara- Adj. 'lärmend, schallend, geschwätzig'. — *adhīra-* Adj. 'unbeständig, nicht fest' (mit *a-* privativum zu *dhīra-*, s. d. vor. Strophe). — *tyaj-* 'verlassen, lassen', 2. sg. Imper. (§ 84). — *mañjīra-* m. n. 'Fußschmuck, Fußring'. — *ripu-* 'verräterisch, m. Betrüger, Verräter' (§ 48). — *iva* 'wie'. — *keli-* m. f. 'Spiel, Tändelei'; *su-* 'wohl, sehr'; *lola-* 'unstet, unruhig, verlangend nach etwas'.

cal- 'eilen, sich bewegen' (s. d. 1. Strophe). — *sakhī-* f. 'Freundin' [s. u. 2]; Vok. sg. (§ 50). — *kuñja-* m. 'Gebüsch, Laube'. — *sa-* 'mit, zusammen mit' [idg. **sm̥-*, vgl. gr. *ἁ-πλοῦς*, lat. *sim-plex* u. dgl.]; *timira-* 'dunkel, finster'; *puñja-* m. 'Menge'; *sa-t°* etwa 'mit Finsterem erfüllt, voll Dunkelheit'. — *śīlayati* 'trägt, legt an', 2. sg. Imper. (§ 84). — *nīla-* Adj. 'dunkelfarbig'; *nicola-* m. 'Hülle, Mantel'; Karmadhāraya (§ 144).

Fachliteratur

a) Gesamtdarstellungen, Grammatik, Sprachgeschichte

Burrow, T., The Sanskrit Language. London 1955, ²1959.

Renou, L., Grammaire de la langue védique. Lyon-Paris 1952.

Renou, L., Histoire de la langue Sanskrite. Lyon-Paris 1956.

Renou, L., Grammaire Sanscrite. I—II. Paris 1930, 2. Aufl. 1961.

Thumb, A. — Hauschild, R., Handbuch des Sanskrit. Eine Einführung in das sprachwissenschaftliche Studium des Altindischen. Heidelberg, Bd. I 1 (Einleitung, Lautlehre) 1958, I 2 (Formenlehre) 1959, II (Texte und Glossar) 1953.

Wackernagel, J., Altindische Grammatik. Göttingen, Bd. I (Lautlehre) 1896, 2. Aufl. (Introduction générale, bearb. v. L. Renou; Neudruck der Lautlehre; Nachträge v. A. Debrunner) 1957; II 1 (Einleitung zur Wortlehre, Nominalkomposition) 1905, 2. Aufl. (mit Nachtr. v. A. Debrunner) 1957; II 2 (Die Nominalsuffixe, von A. Debrunner) 1954; III (Nominalflexion — Zahlwort — Pronomen, mit A. Debrunner) 1930.

Whitney, W. D., Indische Grammatik, umfassend die klassische Sprache und die älteren Dialecte. Deutsch von H. Zimmer. Leipzig 1879.

Grundriß der indo-arischen Philologie und Altertumskunde. Begründet von G. Bühler, fortgesetzt von F. Kielhorn, H. Lüders und J. Wackernagel. Straßburg 1896ff.
[Darin u. a.: E. Windisch, Geschichte der Sanskrit-Philologie und indischen Altertumskunde, 1917, 1920; A. A. Macdonell, Vedic Grammar, 1910; J. S. Speyer, Vedische und Sanskrit-Syntax, 1896.]

b) Wörterbücher

Böhtlingk, O. — Roth, R., Sanskrit-Wörterbuch, 7 Bde., St. Petersburg 1852—1875.

Böhtlingk, O., Sanskrit-Wörterbuch in kürzerer Fassung. St. Petersburg 1879—1889, Neudruck Graz 1959. [Dazu R. Schmidt, Nachträge zum Sanskrit-Wörterbuch in kürzerer Fassung von Böhtlingk, Leipzig 1928.]

Cappeller, C., Sanskrit-Wörterbuch. Straßburg 1887, Neudruck Berlin 1955.

Mayrhofer, M., Kurzgefaßtes etymologisches Wörterbuch des Altindischen. A Concise Etymological Sanskrit Dictionary. Heidelberg, Bd. I (*a—th*) 1956, II (*d—m*) 1963.

Monier-Williams, Sir M., A Sanskṛit-English Dictionary. New Edition, Greatly Enlarged and Improved, Oxford 1899, Reprint 1960.

Uhlenbeck, C. C., Kurzgefaßtes etymologisches Wörterbuch der altindischen Sprache. Amsterdam 1898—1899.

c) Indogermanische Sprachwissenschaft

Indogermanistische Darstellungen des Altindischen sind unter *a)* (Burrow, Thumb-Hauschild, Wackernagel) und *b)* (Mayrhofer, Uhlenbeck) schon mitgeteilt worden. Hier seien als Gesamt-Einführungen und vergleichende Wörterbücher noch genannt:

Krahe, H., Indogermanische Sprachwissenschaft. Bd. I, 4. Aufl., Berlin 1962; II, 4. Aufl., 1963. Sammlung Göschen Bd. 59 und 64.

Meillet, A., Introduction à l'étude comparative des langues indo-européennes. Paris, 8. Aufl., 1937.

Walde, A. — Pokorny, J., Vergleichendes Wörterbuch der indogermanischen Sprachen. 3 Bde., Berlin 1927—1932.

Pokorny, J., Indogermanisches etymologisches Wörterbuch. Bd. I [das gesamte Lexikon, ohne Register, umfassend], Bern-München 1959.

Weitere Lit. findet sich unter einzelnen Kapiteln, bes. §§ 1—4, 7, 34.

SAMMLUNG GÖSCHEN

GESAMTVERZEICHNIS

Jeder Band DM 3,60 · Doppelband DM 5,80

Herbst 1964

WALTER DE GRUYTER & CO., BERLIN 30

Inhaltsübersicht

Geisteswissenschaften

Philosophie

Einführung in die Philosophie von *H. Leisegang †*. 5. Auflage. 146 Seiten. 1963. (281)

Hauptprobleme der Philosophie von *G. Simmel †*. 8., unveränderte Auflage. 177 Seiten. 1964. (500)

Geschichte der Philosophie

I: Die griechische Philosophie von *W. Capelle*. 1. Teil. Von Thales bis Leukippos. 2., erweiterte Auflage. 135 Seiten. 1953. (857)

II: Die griechische Philosophie von *W. Capelle*. 2. Teil. Von der Sophistik bis zum Tode Platons. 2., stark erweiterte Auflage. 144 Seiten. 1953. (858)

III: Die griechische Philosophie von *W. Capelle*. 3. Teil. Vom Tode Platons bis zur Alten Stoa. 2., stark erweiterte Auflage. 132 Seiten. 1954. (859)

IV: Die griechische Philosophie von *W. Capelle*. 4. Teil. Von der Alten Stoa bis zum Eklektizismus im 1. Jh. v. Chr. 2., stark erweiterte Auflage. 132 Seiten. 1954. (863)

V: Die Philosophie des Mittelalters von *J. Koch*. In Vorbereitung. (826)

VI: Von der Renaissance bis Kant von *K. Schilling*. 234 Seiten. 1954. (394/394a)

VII: Immanuel Kant von *G. Lehmann*. In Vorbereitung. (536)

VIII: Die Philosophie des 19. Jahrhunderts von *G. Lehmann*. 1. Teil. 151 Seiten. 1953. (571)

IX: Die Philosophie des 19. Jahrhunderts von *G. Lehmann*. 2. Teil. 168 Seiten. 1953. (709)

X: Die Philosophie im ersten Drittel des 20. Jahrhunderts 1. Teil von *G. Lehmann*. 128 Seiten. 1957. (845)

XI: Die Philosophie im ersten Drittel des 20. Jahrhunderts 2. Teil von *G. Lehmann*. 114 Seiten. 1960. (850)

Die geistige Situation der Zeit (1931) von *K. Jaspers*. 6., unveränderter Abdruck der im Sommer 1932 bearbeiteten 5. Auflage. 211 Seiten. 1964. (1000)

Erkenntnistheorie von *G. Kropp*.
1. Teil: Allgemeine Grundlegung. 143 Seiten. 1950. (807)

Formale Logik von *P. Lorenzen*. 2., verbesserte Auflage. 165 Seiten. 1962. (1176/1176a)

Philosophisches Wörterbuch von *M. Apel †*. 5., völlig neubearbeitete Auflage von *P. Ludz*. 315 Seiten. 1958. (1031/1031a)

Philosophische Anthropologie. Menschliche Selbstdeutung in Geschichte und Gegenwart von *M. Landmann*. 2., durchgesehene Auflage. 223 Seiten. 1964. (156/156a)

Pädagogik, Psychologie, Soziologie

Geschichte der Pädagogik von *Herm. Weimer*. 16. Auflage von *Heinz Weimer*. 184 Seiten. 1964. (145)
Therapeutische Psychologie. Ihr Weg durch die Psychoanalyse von *W. M. Kranefeldt*. Mit einer Einführung von *C. G. Jung*. 3. Auflage. 152 Seiten. 1956. (1034)
Allgemeine Psychologie von *Th. Erismann †*. 4 Bände. 2., neubearbeitete Auflage.
I: Grundprobleme. 146 Seiten. 1958. (831)
II: Grundarten des psychischen Geschehens. 248 Seiten. 1959. (832/832 a)
III: Experimentelle Psychologie und ihre Grundlagen. 1. Teil. 112 Seiten, 7 Abbildungen. 1962. (833)
IV: Experimentelle Psychologie und ihre Grundlagen. 2. Teil. 199 Seiten, 20 Abbildungen. 1962. (834/834 a)
Soziologie. Geschichte und Hauptprobleme von *L. von Wiese*. 7. Auflage. 175 Seiten. 1964. (101)
Ideengeschichte der sozialen Bewegung des 19. und 20. Jh. von *W. Hofmann*. 243 Seiten. 1962. (1205/1205 a)
Sozialpsychologie von *P. R. Hofstätter*. 2. Auflage. 186 Seiten, 18 Abbildungen. 1964. (104/104 a)
Psychologie des Berufs- und Wirtschaftslebens von *W. Moede †*. 190 Seiten, 48 Abbildungen. 1958. (851/851 a)
Industrie- und Betriebssoziologie von *R. Dahrendorf*. 3. Auflage. 142 Seiten, 3 Figuren. 1964. (103)
Wirtschaftssoziologie von *F. Fürstenberg*. 122 Seiten. 1961. (1193)
Einführung in die Sozialethik von *H.-D. Wendland*. 144 Seiten. 1963. (1203)

Religion

Jesus von *M. Dibelius †*. 3. Auflage, mit einem Nachtrag von *W. G. Kümmel*. 140 Seiten. 1960. (1130)
Paulus von *M. Dibelius †*. Nach dem Tode des Verfassers herausgegeben und zu Ende geführt von *W. G. Kümmel*. 3., durchgesehene Auflage. 156 Seiten. 1964. (1160)
Luther von *F. Lau*. 151 Seiten. 1959. (1187)
Melanchthon von *R. Stupperich*. 139 Seiten. 1960. (1190)
Zwingli von *F. Schmidt-Clausing*. 1965. Im Druck (1219)
Einführung in die Konfessionskunde der orthodoxen Kirchen von *K. Onasch*. 291 Seiten. 1962. (1197/1197 a)
Geschichte des christlichen Gottesdienstes von *W. Nagel*. 215 Seiten. 1962. (1202/1202 a)
Geschichte Israels. Von den Anfängen bis zur Zerstörung des Tempels (70 n. Chr.) von *E. L. Ehrlich*. 158 Seiten, 1 Tafel. 1958. (231/231 a)
Römische Religionsgeschichte von *F. Altheim*. 2 Bände. 2., umgearbeitete Auflage.
I: Grundlagen und Grundbegriffe. 116 Seiten. 1956. (1035)
II: Der geschichtliche Ablauf. 164 Seiten. 1956. (1052)

Die Religion des Buddhismus von *D. Schlingloff*. 2 Bände.
I: Der Heilsweg des Mönchtums. 122 Seiten, 11 Abbildungen, 1 Karte. 1962. (174)
II: Der Heilsweg für die Welt. 129 Seiten, 9 Abbildungen, 1 Karte. 1963. (770)

Musik

Musikästhetik von *H. J. Moser*. 180 Seiten. Mit zahlreichen Notenbeispielen. 1953. (344)
Systematische Modulation von *R. Hernried*. 2. Auflage. 136 Seiten. Mit zahlreichen Notenbeispielen. 1950. (1094)
Der polyphone Satz von *E. Pepping*. 2 Bände.
I: Der cantus-firmus-Satz. 2. Auflage. 223 Seiten. Mit zahlreichen Notenbeispielen. 1950. (1148)
II: Übungen im doppelten Kontrapunkt und im Kanon. 137 Seiten. Mit zahlreichen Notenbeispielen. 1957. (1164/1164 a)
Allgemeine Musiklehre von *H. J. Moser*. 2., durchgesehene Auflage. 155 Seiten. Mit zahlreichen Notenbeispielen. 1955. (220/220 a)
Harmonielehre von *H. J. Moser*. 2 Bände.
I: 109 Seiten. Mit 120 Notenbeispielen. 1954. (809)
II: In Vorbereitung. (810)
Die Musik des 19. Jahrhunderts von *W. Oehlmann*. 180 Seiten. 1953. (170)
Die Musik des 20. Jahrhunderts von *W. Oehlmann*. 312 Seiten. 1961. (171/171 a)
Technik der deutschen Gesangskunst von *H. J. Moser*. 3., durchgesehene und verbesserte Auflage. 144 Seiten, 5 Figuren sowie Tabellen und Notenbeispiele. 1954. (576/576 a)
Die Kunst des Dirigierens von *H. W. von Waltershausen †*. 2., vermehrte Auflage. 138 Seiten. Mit 19 Notenbeispielen. 1954. (1147)
Die Technik des Klavierspiels aus dem Geiste des musikalischen Kunstwerkes von *K. Schubert †*. 3. Auflage. 110 Seiten. Mit Notenbeispielen. 1954. (1045)

Kunst

Stilkunde von *H. Weigert*. 2 Bände. 3., durchgesehene und ergänzte Auflage.
I: Vorzeit, Antike, Mittelalter. 136 Seiten, 94 Abbildungen. 1958. (80)
II: Spätmittelalter und Neuzeit. 150 Seiten, 88 Abbildungen. 1958. (781)
Archäologie von *A. Rumpf*. 3 Bände.
I: Einleitung, historischer Überblick. 143 Seiten, 6 Abbildungen, 12 Tafeln. 1953. (538)
II: Die Archäologensprache. Die antiken Reproduktionen. 136 Seiten, 7 Abbildungen, 12 Tafeln. 1956. (539)
III: In Vorbereitung. (540)

Geschichte

Einführung in die Geschichtswissenschaft von *P. Kirn*. 4., durchgesehene Auflage. 127 Seiten. 1963. (270)

GEISTESWISSENSCHAFTEN

Einführung in die Zeitgeschichte von *B. Scheurig.* 101 Seiten. 1962. (1204)

Zeitrechnung der römischen Kaiserzeit, des Mittelalters und der Neuzeit für die Jahre 1—2000 n. Chr. von *H. Lietzmann †.* 3. Auflage, durchgesehen von *K. Aland.* 130 Seiten. 1956. (1085)

Kultur der Urzeit von *F. Behn.* 3 Bände. 4. Auflage der Kultur der Urzeit Bd. 1—3 von *M. Hoernes.*

I: Die vormetallischen Kulturen. (Die Steinzeiten Europas. Gleichartige Kulturen in anderen Erdteilen.) 172 Seiten, 48 Abbildungen. 1950. (564)

II: Die älteren Metallkulturen. (Der Beginn der Metallbenutzung, Kupfer- und Bronzezeit in Europa, im Orient und in Amerika.) 160 Seiten, 67 Abbildungen. 1950. (565)

III: Die jüngeren Metallkulturen. (Das Eisen als Kulturmetall, Hallstatt-Latène-Kultur in Europa. Das erste Auftreten des Eisens in den anderen Weltteilen.) 149 Seiten, 60 Abbildungen. 1950. (566)

Vorgeschichte Europas von *F. Behn.* Völlig neue Bearbeitung der 7. Auflage der „Urgeschichte der Menschheit" von *M. Hoernes.* 125 Seiten, 47 Abbildungen. 1949. (42)

Der Eintritt der Germanen in die Geschichte von *J. Haller †.* 3. Auflage, durchgesehen von *H. Dannenbauer.* 120 Seiten, 6 Kartenskizzen. 1957. (1117)

Von den Karolingern zu den Staufern. Die altdeutsche Kaiserzeit (900—1250) von *J. Haller †.* 4., durchgesehene Auflage von *H. Dannenbauer.* 142 Seiten, 4 Karten. 1958. (1065)

Von den Staufern zu den Habsburgern. Auflösung des Reichs und Emporkommen der Landesstaaten (1250—1519) von *J. Haller †.* 2., durchgesehene Auflage von *H. Dannenbauer.* 118 Seiten, 6 Kartenskizzen. 1960. (1077)

Deutsche Geschichte im Zeitalter der Reformation, der Gegenreformation und des dreißigjährigen Krieges von *F. Hartung.* 2., durchgesehene Auflage. 128 Seiten. 1963. (1105)

Deutsche Geschichte von 1648—1740. Politischer und geistiger Wiederaufbau von *W. Treue.* 120 Seiten. 1956. (35)

Deutsche Geschichte von 1713—1806. Von der Schaffung des europäischen Gleichgewichts bis zu Napoleons Herrschaft von *W. Treue.* 168 Seiten. 1957. (39)

Deutsche Geschichte von 1806—1890. Vom Ende des alten bis zur Höhe des neuen Reiches von *W. Treue.* 128 Seiten. 1961. (893)

Deutsche Geschichte von 1890 bis zur Gegenwart von *W. Treue.* In Vorbereitung. (894)

Quellenkunde der Deutschen Geschichte im Mittelalter (bis zur Mitte des 15. Jahrhunderts) von *K. Jacob †.* 3 Bände.

I: Einleitung. Allgemeiner Teil. Die Zeit der Karolinger. 6. Auflage, bearbeitet von *H. Hohenleutner.* 127 Seiten. 1959. (279)

II: Die Kaiserzeit (911—1250). 5. Auflage, neubearbeitet von *H. Hohenleutner.* 141 Seiten. 1961. (280)

III: Das Spätmittelalter (vom Interregnum bis 1500). Herausgegeben von *F. Weden.* 152 Seiten. 1952. (284)

Geschichte Englands von *H. Preller.* 2 Bände.
I: bis 1815. 3., stark umgearbeitete Auflage. 135 Seiten, 7 Stammtafeln, 2 Karten. 1952. (375)
II: Von 1815 bis 1910. 2., völlig umgearbeitete Auflage. 118 Seiten, 1 Stammtafel, 7 Karten. 1954. (1088)

Römische Geschichte von *F. Altheim.* 4 Bände. 2., verbesserte Auflage.
I: Bis zur Schlacht bei Pydna (168 v.Chr.). 124 Seiten. 1956. (19)
II: Bis zur Schlacht bei Actium (31 v.Chr.). 129 Seiten. 1956. (677)
III: Bis zur Schlacht an der Milvischen Brücke (312 n.Chr.). 148 Seiten. 1958. (679)
IV: Bis zur Schlacht am Yarmuk (636 n.Chr.). In Vorbereitung. (684)

Geschichte der Vereinigten Staaten von Amerika von *O. Graf zu Stolberg-Wernigerode.* 192 Seiten, 10 Karten. 1956. (1051/1051a)

Deutsche Sprache und Literatur

Geschichte der Deutschen Sprache von *H. Sperber.* 4. Auflage, besorgt von *W. Fleischhauer.* 128 Seiten. 1963. (915)

Deutsches Rechtschreibungswörterbuch von *M. Gottschald †.* 2., verbesserte Auflage. 219 Seiten. 1953. (200/200a)

Deutsche Wortkunde. Kulturgeschichte des deutschen Wortschatzes von *A. Schirmer.* 4. Auflage von *W. Mitzka.* 123 Seiten. 1960. (929)

Deutsche Sprachlehre von *W. Hofstaetter.* 10. Auflage. Völlige Umarbeitung der 8. Auflage. 150 Seiten. 1960. (20)

Stimmkunde für Beruf, Kunst und Heilzwecke von *H. Biehle.* 111 Seiten. 1955. (60)

Redetechnik. Einführung in die Rhetorik von *H. Biehle.* 2., erweiterte Auflage. 151 Seiten. 1961. (61)

Sprechen und Sprachpflege (Die Kunst des Sprechens) von *H. Feist.* 2., verbesserte Auflage. 99 Seiten, 25 Abbildungen. 1952. (1122)

Deutsches Dichten und Denken von der germanischen bis zur staufischen Zeit von *H. Naumann †.* (Deutsche Literaturgeschichte vom 5.—13. Jahrhundert.) 2., verbesserte Auflage. 166 Seiten. 1952. (1121)

Deutsches Dichten und Denken vom Mittelalter zur Neuzeit von *G. Müller* (1270 bis 1700). 3., durchgesehene Auflage. 159 Seiten. In Vorbereitung. (1086)

Deutsches Dichten und Denken von der Aufklärung bis zum Realismus (Deutsche Literaturgeschichte von 1700—1890) von *K. Viëtor †.* 3., durchgesehene Auflage. 159 Seiten. 1958. (1096)

Deutsche Heldensage von *H. Schneider.* 2. Auflage, bearbeitet von *R. Wisniewski.* 148 Seiten. 1964. (32)

Der Nibelunge Nôt in Auswahl mit kurzem Wörterbuch von *K. Langosch.* 10., durchgesehene Auflage. 164 Seiten. 1956. (1)

Kudrun und Dietrich-Epen in Auswahl mit Wörterbuch von *O. L. Jiriczek.* 6. Auflage, bearbeitet von *R. Wisniewski.* 173 Seiten. 1957. (10)

Wolfram von Eschenbach. Parzival. Eine Auswahl mit Anmerkungen und Wörterbuch von *H. Jantzen.* 2. Auflage, bearbeitet von *H. Kolb.* 128 Seiten. 1957. (921)

Hartmann von Aue. Der arme Heinrich nebst einer Auswahl aus der „Klage", dem „Gregorius" und den Liedern (mit einem Wörterverzeichnis) herausgegeben von *F. Maurer*. 96 Seiten. 1958. (18)
Gottfried von Strassburg in Auswahl herausgegeben von *F. Maurer*. 142 Seiten. 1959. (22)
Die deutschen Personennamen von *M. Gottschald †*. 2., verbesserte Auflage. 151 Seiten. 1955. (422)
Althochdeutsches Elementarbuch. Grammatik und Texte von *H. Naumann †* und *W. Betz*. 3., verbesserte und vermehrte Auflage. 183 Seiten. 1962. (1111/1111a)
Mittelhochdeutsche Grammatik von *H. de Boor* und *R. Wisniewski*. 4., verbesserte und ergänzte Auflage. 150 Seiten. 1964. (1108)

Indogermanisch, Germanisch

Indogermanische Sprachwissenschaft von *H. Krahe*. 2 Bände. 4., überarbeitete Auflage.
I: Einleitung und Lautlehre. 110 Seiten. 1962. (59)
II: Formenlehre. 100 Seiten. 1963. (64)
Gotisches Elementarbuch. Grammatik, Texte mit Übersetzung und Erläuterungen von *H. Hempel*. 3., umgearbeitete Auflage. 166 Seiten. 1962. (79/79a)
Germanische Sprachwissenschaft von *H. Krahe*. 2 Bände.
I: Einleitung und Lautlehre. 5., überarbeitete Auflage. 149 Seiten. 1963. (238)
II: Formenlehre. 5., verbesserte Auflage. 149 Seiten. 1964. (780)
Altnordisches Elementarbuch. Schrift, Sprache, Texte mit Übersetzung und Wörterbuch von *F. Ranke*. 2., durchgesehene Auflage. 146 Seiten. 1949. (1115)

Englisch, Romanisch

Altenglisches Elementarbuch. Einführung, Grammatik, Texte mit Übersetzung und Wörterbuch von *M. Lehnert*. 5., verbesserte Auflage. 178 Seiten. 1962. (1125)
Historische neuenglische Laut- und Formenlehre von *E. Ekwall*. 3., durchgesehene Auflage. 150 Seiten. 1956. (735)
Englische Phonetik von *H. Mutschmann †*. 2. Auflage, bearbeitet von *G. Scherer*. 127 Seiten. 1963. (601)
Englische Literaturgeschichte von *F. Schubel*. 4 Bände.
I: Die alt- und mittelenglische Periode. 163 Seiten. 1954. (1114)
II: Von der Renaissance bis zur Aufklärung. 160 Seiten. 1956. (1116)
III: Romantik und Viktorianismus. 160 Seiten. 1960. (1124)
Beowulf von *M. Lehnert*. Eine Auswahl mit Einführung, teilweiser Übersetzung, Anmerkungen und etymologischem Wörterbuch. 3., verbesserte Auflage. 135 Seiten. 1959. (1135)
Shakespeare von *P. Meißner †*. 2. Auflage, neubearbeitet von *M. Lehnert*. 136 Seiten. 1954. (1142)

Romanische Sprachwissenschaft von *H. Lausberg*. 4 Bände.
I: Einleitung und Vokalismus. 2., durchgesehene Auflage. 211 Seiten. 1963. (128/128a)
II: Konsonantismus. 95 Seiten. 1956. (250)
III: Formenlehre. 1. Teil. 99 Seiten. 1962. (1199)
III: Formenlehre. 2. Teil. S. 99—260. 1962. (1200/1200a)
IV: Wortlehre. In Vorbereitung. (1208)

Griechisch, Lateinisch

Griechische Sprachwissenschaft von *W. Brandenstein*. 3 Bände.
I: Einleitung, Lautsystem, Etymologie. 160 Seiten. 1954. (117)
II: Wortbildung und Formenlehre. 192 Seiten. 1959. (118/118a)
III: Syntax. In Vorbereitung. (924)

Geschichte der griechischen Sprache. 2 Bände.
I: Bis zum Ausgang der klassischen Zeit von *O. Hoffmann †*. 3. Auflage, bearbeitet von *A. Debrunner †*. 156 Seiten. 1953. (111)
II: Grundfragen und Grundzüge des nachklassischen Griechisch von *A. Debrunner †*. 144 Seiten. 1954. (114)

Geschichte der griechischen Literatur von *W. Nestle*. 2 Bände. 3. Auflage, bearbeitet von *W. Liebich*.
I: 144 Seiten. 1961. (70)
II: 149 Seiten. 1963. (557)

Grammatik der neugriechischen Volkssprache von *J. Kalitsunakis*. 3., wesentlich erweiterte und verbesserte Auflage. 196 Seiten. 1963. (756/756a)

Neugriechisch-deutsches Gesprächsbuch von *J. Kalitsunakis*. 2. Auflage, bearbeitet von *A. Steinmetz*. 99 Seiten. 1960. (587)

Geschichte der lateinischen Sprache von *F. Stolz*. 4. Auflage von *A. Debrunner †*. In Vorbereitung. (492)

Geschichte der römischen Literatur von *L. Bieler*. 2 Bände.
I: Die Literatur der Republik. 160 Seiten. 1961. (52)
II: Die Literatur der Kaiserzeit. 133 Seiten. 1961. (866)

Hebräisch, Sanskrit, Russisch

Hebräische Grammatik von *G. Beer †*. 2 Bände. Völlig neubearbeitet von *R. Meyer*.
I: Schrift-, Laut- und Formenlehre I. 3. Auflage. Etwa 224 Seiten. In Vorbereitung. (763/763a)
II: Formenlehre II. Syntax und Flexionstabellen. 2. Auflage. 195 Seiten. 1955. (764/764a)

Hebräisches Textbuch zu *G. Beer-R. Meyer*, Hebräische Grammatik von *R. Meyer*. 170 Seiten. 1960. (769/769a)

Sanskrit-Grammatik von *M. Mayrhofer*. 89 Seiten. 1953. (1158)

Russische Grammatik von *E. Berneker †*. 6., verbesserte Auflage von *M. Vasmer †*. 155 Seiten. 1961. (66)

Slavische Sprachwissenschaft von *H. Bräuer*. 2 Bände.
I: Einleitung, Lautlehre. 221 Seiten. 1961. (1191/1191a)

Erd- und Länderkunde, Kartographie

Afrika von *F. Jaeger*. Ein geographischer Überblick. 2 Bände. 3. Auflage.
I: Der Lebensraum. 179 Seiten, 18 Abbildungen. In Vorbereitung. (910)
II: Mensch und Kultur. 155 Seiten, 6 Abbildungen. In Vorbereitung. (911)

Australien und Ozeanien von *H. J. Krug*. 176 Seiten, 46 Skizzen. 1953. (319)

Kartographie von *V. Heissler*. 213 Seiten, 125 Abb., 8 Anlagen. 1962. (30/30a)

Volkswirtschaft, Statistik, Publizistik

Allgemeine Betriebswirtschaftslehre von *K. Mellerowicz*. 4 Bände. 11., durchgesehene Auflage.
I: 224 Seiten. 1961. (1008/1008a)
II: 188 Seiten. 1962. (1153/1153a)
III: 260 Seiten. 1963. (1154/1154a)
IV: 209 Seiten. 1963. (1186/1186a)

Buchhaltung und Bilanz von *E. Kosiol*. 170 Seiten. 1964. (1213/1213a)

Geschichte der Volkswirtschaftslehre von *S. Wendt*. 182 Seiten. 1961. (1194)

Allgemeine Volkswirtschaftslehre von *A. Paulsen*. 4 Bände.
I: Grundlegung, Wirtschaftskreislauf. 5., neubearbeitete Auflage. 154 Seiten. 1964. (1169)
II: Haushalte, Unternehmungen, Marktformen. 5., neubearbeitete Auflage. 172 Seiten, 31 Abbildungen. 1964. (1170)
III: Produktionsfaktoren. 3., neubearbeitete und ergänzte Auflage. 198 Seiten. 1963. (1171)
IV: Gesamtbeschäftigung, Konjunkturen, Wachstum. 3. Auflage. 174 Seiten. 1964. (1172)

Allgemeine Volkswirtschaftspolitik von *H. Ohm*. 2 Bände.
I: Systematisch-Theoretische Grundlegung. 137 Seiten, 6 Abbildungen. 1962. (1195)
II: Der volkswirtschaftliche Gesamtorganismus als Objekt der Wirtschaftspolitik. In Vorbereitung. (1196)

Finanzwissenschaft von *H. Kolms*. 4 Bände.
I: Grundlegung, Öffentliche Ausgaben. 2., verbesserte Auflage. 162 Seiten. 1963. (148)
II: Erwerbseinkünfte, Gebühren und Beiträge, Allgemeine Steuerlehre. 2., verbesserte Auflage. 150 Seiten. 1964. (391)
III: Besondere Steuerlehre. 178 Seiten. 1962. (776)
IV: Öffentlicher Kredit. Haushaltswesen. Finanzausgleich. 1964. Im Druck. (782)

Finanzmathematik von *M. Nicolas.* 192 Seiten, 11 Tafeln, 8 Tabellen und 72 Beispiele. 1959. (1183/1183a)

Industrie- und Betriebssoziologie von *R. Dahrendorf.* 3. Auflage. 142 Seiten, 3 Figuren. 1965. (103)

Wirtschaftssoziologie von *F. Fürstenberg.* 122 Seiten. 1961. (1193)

Psychologie des Berufs- und Wirtschaftslebens von *W. Moede †.* 190 Seiten, 48 Abbildungen. 1958. (851/851a)

Einführung in die Arbeitswissenschaft von *H. H. Hilf.* 169 Seiten, 57 Abbildungen. 1964. (1212/1212a)

Allgemeine Methodenlehre der Statistik von *J. Pfanzagl.* 2 Bände. 2., neubearbeitete Auflage.
I: Elementare Methoden unter besonderer Berücksichtigung der Anwendungen in den Wirtschafts- und Sozialwissenschaften. 251 Seiten, 42 Abbildungen. 1964. (746/746a)
II: Höhere Methoden unter besonderer Berücksichtigung der Anwendungen in Naturwissenschaft, Medizin und Technik. 295 Seiten, 39 Abbildungen. 1965. Im Druck. (747/747a)

Zeitungslehre von *E. Dovifat.* 2 Bände. 4., neubearbeitete Auflage.
I: Theoretische und rechtliche Grundlagen — Nachricht und Meinung — Sprache und Form. 149 Seiten. 1962. (1039)
II: Redaktion — Die Sparten: Verlag und Vertrieb, Wirtschaft und Technik · Sicherung der öffentlichen Aufgabe. 168 Seiten. 1962. (1040)

Naturwissenschaften

Mathematik

Geschichte der Mathematik von *J. E. Hofmann.* 4 Bände.
I: Von den Anfängen bis zum Auftreten von Fermat und Descartes. 2., verbesserte und vermehrte Auflage. 251 Seiten. 1963. (226/226a)
II: Von Fermat und Descartes bis zur Erfindung des Calculus und bis zum Ausbau der neuen Methoden. 109 Seiten. 1957. (875)
III: Von den Auseinandersetzungen um den Calculus bis zur französischen Revolution. 107 Seiten. 1957. (882)
IV: Geschichte der Mathematik der neuesten Zeit von *N. Stuloff.* In Vorbereitung. (883)

Mathematische Formelsammlung von *F. O. Ringleb.* 7., erweiterte Auflage. 320 Seiten, 40 Figuren. 1960. (51/51a)

Vierstellige Tafeln und Gegentafeln für logarithmisches und trigonometrisches Rechnen in zwei Farben zusammengestellt von *H. Schubert* und *R. Haussner.* 3., neubearbeitete Auflage von *J. Erlebach.* 158 Seiten. 1960. (81)

Fünfstellige Logarithmen mit mehreren graphischen Rechentafeln und häufig vorkommenden Zahlenwerten von *A. Adler.* 4. Auflage, überarbeitet von *J. Erlebach.* 127 Seiten, 1 Tafel. 1962. (423)

Arithmetik von *P. B. Fischer †.* 3. Auflage von *H. Rohrbach.* 152 Seiten, 19 Abbildungen. 1958. (47)

Höhere Algebra von *H. Hasse.* 2 Bände.
I: Lineare Gleichungen. 5., neubearbeitete Auflage. 150 Seiten. 1963. (931)
II: Gleichungen höheren Grades. 4., durchgesehene Auflage. 158 Seiten, 5 Figuren. 1958. (932)

Aufgabensammlung zur höheren Algebra von *H. Hasse* und *W. Klobe.* 3., verbesserte Auflage. 183 Seiten. 1961. (1082)

Elementare und klassische Algebra vom modernen Standpunkt von *W. Krull.* 2 Bände.
I: 3., erweiterte Auflage. 148 Seiten. 1963. (930)
II: 132 Seiten. 1959. (933)

Lineare Programmierung von *H. Langen.* Etwa 200 Seiten. 1964. (1206/1206a)

Algebraische Kurven und Flächen von *W. Burau.* 2 Bände.
I: Algebraische Kurven der Ebene. 153 Seiten, 28 Abbildungen. 1962. (435)
II: Algebraische Flächen 3. Grades und Raumkurven 3. und 4. Grades. 162 Seiten, 17 Abbildungen. 1962. (436/436a)

Einführung in die Zahlentheorie von *A. Scholz †.* Überarbeitet und herausgegeben von *B. Schoeneberg.* 3. Auflage. 128 Seiten. 1961. (1131)

Formale Logik von *P. Lorenzen.* 2., verbesserte Auflage. 165 Seiten. 1962. (1176/1176a)

Topologie von *W. Franz.* 2 Bände.
I: Allgemeine Topologie. 144 Seiten, 9 Figuren. 1960. (1181)
II: Algebraische Topologie. 130 Seiten. 1964. (1182/1182a)
Elemente der Funktionentheorie von *K. Knopp †.* 6. Auflage. 144 Seiten, 23 Figuren. 1963. (1109)
Funktionentheorie von *K. Knopp †.* 2 Bände. 11. Auflage.
I: Grundlagen der allgemeinen Theorie der analytischen Funktionen. 144 Seiten, 8 Figuren. 1964. (668)
II: Anwendungen und Weiterführung der allgemeinen Theorie. 130 Seiten, 7 Figuren. 1964. (703)
Aufgabensammlung zur Funktionentheorie von *K. Knopp †.* 2 Bände. 6. Auflage.
I: Aufgaben zur elementaren Funktionentheorie. 135 Seiten. 1962. (877)
II: Aufgaben zur höheren Funktionentheorie. 151 Seiten. 1964. (878)
Differential- und Integralrechnung von *M. Barner.* (Früher *Witting*). 4 Bände.
I: Grenzwertbegriff, Differentialrechnung. 2., durchgesehene Auflage. 176 Seiten, 39 Figuren. 1963. (86)
Gewöhnliche Differentialgleichungen von *G. Hoheisel.* 7., neubearbeitete und erweiterte Auflage. 128 Seiten. 1964. Im Druck. (920)
Partielle Differentialgleichungen von *G. Hoheisel.* 4., durchgesehene Auflage. 128 Seiten. 1960. (1003)
Aufgabensammlung zu den gewöhnlichen und partiellen Differentialgleichungen von *G. Hoheisel.* 4., neubearbeitete Auflage. 153 Seiten. 1964. (1059/1059a)
Integralgleichungen von *G. Hoheisel.* 2., neubearbeitete und erweiterte Auflage. 112 Seiten. 1963. (1099)
Mengenlehre von *E. Kamke.* 5. Auflage. 194 Seiten, 6 Figuren. 1965. (999/999a)
Gruppentheorie von *L. Baumgartner.* 4., erweiterte Auflage. 186 Seiten, 3 Tafeln. 1964. (837/837a)
Ebene und sphärische Trigonometrie von *G. Hessenberg †.* 5. Auflage, durchgesehen von *H. Kneser.* 172 Seiten, 60 Figuren. 1957. (99)
Darstellende Geometrie von *W. Haack.* 3 Bände.
I: Die wichtigsten Darstellungsmethoden. Grund- und Aufriß ebenflächiger Körper. 4., durchgesehene und ergänzte Auflage. 113 Seiten, 120 Abbildungen. 1963. (142)
II: Körper mit krummen Begrenzungsflächen. Kotierte Projektionen. 3., durchgesehene Auflage. 129 Seiten, 86 Abbildungen. 1962. (143)
III: Axonometrie und Perspektive. 2., durchgesehene und ergänzte Auflage. 129 Seiten, 100 Abbildungen. 1962. (144)
Analytische Geometrie von *K. P. Grotemeyer.* 3. Auflage. 218 Seiten, 73 Abbildungen. 1964. (65/65a)
Nichteuklidische Geometrie. Hyperbolische Geometrie der Ebene von *R. Baldus †.* Bearbeitet und ergänzt von *F. Löbell.* 4. Auflage. 158 Seiten, 75 Figuren. 1964. (970/970a)
Differentialgeometrie von *K. Strubecker.* 3 Bände.
I: Kurventheorie der Ebene und des Raumes. 2., erweiterte Auflage. 253 Seiten, 45 Figuren. 1964. (1113/1113a)

II: Theorie der Flächenmetrik. 195 Seiten, 14 Figuren. 1958. (1179/1179a)
III: Theorie der Flächenkrümmung. 254 Seiten, 38 Figuren. 1959. (1180/1180a)

Variationsrechnung von *L. Koschmieder*. 2 Bände. 2., neubearbeitete Auflage.
I: Das freie und gebundene Extrem einfacher Grundintegrale. 128 Seiten, 23 Figuren. 1962. (1074)
II: Anwendung klassischer Verfahren auf allgemeine Fragen des Extrems. — Neuere unmittelbare Verfahren. In Vorbereitung. (1075)

Einführung in die konforme Abbildung von *L. Bieberbach*. 5., erweiterte Auflage. 180 Seiten, 42 Figuren. 1956. (768/768a)

Vektoren und Matrizen von *S. Valentiner*. 3. Auflage. (10., erweiterte Auflage der „Vektoranalysis"). Mit Anhang: Aufgaben zur Vektorrechnung von *H. König*. 206 Seiten, 35 Figuren. 1963. (354/354a)

Wahrscheinlichkeitstheorie und Grundzüge der Maßtheorie von *H. Bauer*. 2 Bände.
I: 151 Seiten. 1964. (1216/1216a)
II: In Vorbereitung. (1217)

Versicherungsmathematik von *F. Böhm*. 2 Bände.
I: Elemente der Versicherungsrechnung. 3., vermehrt und verbesserte Auflage. Durchgesehener Neudruck. 151 Seiten 1953. (180)
II: Lebensversicherungsmathematik. Einführung in die technischen Grundlagen der Sozialversicherung. 2., verbesserte und vermehrte Auflage. 205 Seiten. 1953. (917/917a)

Finanzmathematik von *M. Nicolas*. 192 Seiten, 11 Tafeln, 8 Tabellen und 72 Beispiele. 1959. (1183/1183a)

Kinematik von *H. R. Müller*. 171 Seiten, 75 Figuren. 1963. (584/584a)

Physik

Einführung in die theoretische Physik von *W. Döring*. 5 Bände.
I: Mechanik. 3., verbesserte Auflage. 123 Seiten, 25 Abbildungen. 1964. Im Druck. (76)
II: Das elektromagnetische Feld. 2., verbesserte Auflage. 132 Seiten, 15 Abbildungen. 1962. (77)
III: Optik. 2., verbesserte Auflage. 117 Seiten, 32 Abbildungen. 1963. (78)
IV: Thermodynamik. 2., verbesserte Auflage. 107 Seiten, 9 Abbildungen. 1964. (374)
V: Statistische Mechanik. 114 Seiten, 12 Abbildungen. 1957. (1017)

Mechanik deformierbarer Körper von *M. Päsler*. 199 Seiten, 48 Abbildungen. 1960. (1189/1189a)

Atomphysik von *K. Bechert*, *Ch. Gerthsen* † und *A. Flammersfeld*. 7 Bände. 4., durchgesehene Auflage.
I: Allgemeine Grundlagen. 1. Teil von *A. Flammersfeld*. 124 Seiten, 35 Abbildungen. 1959. (1009)
II: Allgemeine Grundlagen. 2. Teil von *A. Flammersfeld*. 112 Seiten, 47 Abbildungen. 1963. (1033)

III: Theorie des Atombaus. 1. Teil von *K. Bechert.* 148 Seiten, 16 Abbildungen. 1963. (1123/1123a)
IV: Theorie des Atombaus. 2. Teil von *K. Bechert.* 170 Seiten, 14 Abbildungen. 1963. (1165/1165a)

Differentialgleichungen der Physik von *F. Sauter.* 3., durchgesehene und ergänzte Auflage. 148 Seiten, 16 Figuren. 1958. (1070)

Physikalische Formelsammlung von *G. Mahler†.* Fortgeführt von *K. Mahler.* Neubearbeitet von *H. Graewe.* 11. Auflage. 167 Seiten, 69 Figuren. 1963. (136)

Physikalische Aufgabensammlung mit Ergebnissen von *G. Mahler †.* Fortgeführt von *K. Mahler.* Neubearbeitet von *H. Graewe.* 12. Auflage. 141 Seiten. 1964. (243)

Chemie

Geschichte der Chemie in kurzgefaßter Darstellung von *G. Lockemann.* 2 Bände.
I: Vom Altertum bis zur Entdeckung des Sauerstoffs. 2. Auflage. 142 Seiten, 8 Bildnisse. In Vorbereitung. (264)
II: Von der Entdeckung des Sauerstoffs bis zur Gegenwart. 151 Seiten, 16 Bildnisse. 1955. (265/265a)

Anorganische Chemie von *W. Klemm.* 13. Auflage. 255 Seiten, 34 Abbildungen. 1964. (37/37a)

Organische Chemie von *W. Schlenk.* 9., erweiterte Auflage. 273 Seiten, 16 Abbildungen. 1963. (38/38a)

Physikalische Methoden in der Organischen Chemie von *G. Kresze.* 2 Bände.
I: 119 Seiten, 65 Abbildungen. 1962. (44)
II: 164 Seiten. 1962. (45/45a)

Allgemeine und physikalische Chemie von *W. Schulze.* 2 Bände.
I: 5., durchgesehene Auflage. 139 Seiten, 10 Figuren. 1960. (71)
II: 5., verbesserte Auflage. 178 Seiten, 37 Figuren. 1961. (698/698a)

Einfache Versuche zur allgemeinen und physikalischen Chemie von *E. Dehn.* 371 Versuche mit 40 Abbildungen. 272 Seiten. 1962. (1201/1201a)

Molekülbau. Theoretische Grundlagen und Methoden der Strukturermittlung von *W. Schulze.* 123 Seiten, 43 Figuren. 1958. (786)

Physikalisch-chemische Rechenaufgaben von *E. Asmus.* 3., verbesserte Auflage. 96 Seiten. 1958. (445)

Maßanalyse. Theorie und Praxis der klassischen und der elektrochemischen Titrierverfahren von *G. Jander* und *K. F. Jahr.* 10., erweiterte Auflage, mitbearbeitet von *H. Knoll.* 358 Seiten, 56 Figuren. 1963. (221/221a)

Qualitative Analyse von *H. Hofmann* u. *G. Jander.* 2., durchgesehene und verbesserte Auflage. 308 Seiten, 5 Abbildungen. 1963. (247/247a)

Thermochemie von *W. A. Roth †.* 2., verbesserte Auflage. 109 Seiten, 16 Figuren. 1952. (1057)

Stöchiometrische Aufgabensammlung von *W. Bahrdt †* und *R. Scheer.* Mit den Ergebnissen. 8., durchgesehene Auflage. 119 Seiten. 1964. (452)

Elektrochemie von *K. Vetter.* 2 Bände.
I: In Vorbereitung. (252)
II: In Vorbereitung. (253)

Technologie

Die Chemie der Kunststoffe von *K. Hamann,* unter Mitarbeit von *W. Funke* und *H. D. Hermann.* 143 Seiten. 1960. (1173)

Warenkunde von *K. Hassak* und *E. Beutel †.* 2 Bände.
I: Anorganische Waren sowie Kohle und Erdöl. 8. Auflage. Neubearbeitet von *A. Kutzelnigg.* 119 Seiten, 18 Figuren. 1958. (222)
II: Organische Waren. 8. Auflage. Vollständig neubearbeitet von *A. Kutzelnigg.* 157 Seiten, 32 Figuren. 1959. (223)

Die Fette und Öle von *Th. Klug.* 6., verbesserte Auflage. 143 Seiten. 1961. (335)

Die Seifenfabrikation von *K. Braun †.* 3., neubearbeitete und verbesserte Auflage von *Th. Klug.* 116 Seiten, 18 Abbildungen. 1953. (336)

Thermische Verfahrenstechnik von *H. Bock.* 3 Bände.
I: Eigenschaften und Verhalten der realen Stoffe. 164 Seiten, 28 Abbildungen. 1963. (1209/1209a)
II: Funktion und Berechnung der elementaren Geräte. 195 Seiten, 54 Abbildungen. 1964. (1210/1210a)
III: Fließbilder, ihre Funktion und ihr Zusammenbau aus Geräten. Im Druck. (1211/1211a)

Textilindustrie von *A. Blümcke.*
I: Spinnerei und Zwirnerei. 111 Seiten, 43 Abbildungen. 1954. (184)

Biologie

Einführung in die allgemeine Biologie und ihre philosophischen Grund- und Grenzfragen von *M. Hartmann.* 132 Seiten, 2 Abbildungen. 1956. (96)

Hormone von *G. Koller.* 2., neubearbeitete und erweiterte Auflage. 187 Seiten, 60 Abbildungen, 19 Tabellen. 1949. (1141)

Fortpflanzung im Tier- und Pflanzenreich von *J. Hämmerling.* 2., ergänzte Auflage. 135 Seiten, 101 Abbildungen. 1951. (1138)

Geschlecht und Geschlechtsbestimmung im Tier- und Pflanzenreich von *M. Hartmann.* 2., verbesserte Auflage. 116 Seiten, 61 Abbildungen, 7 Tabellen. 1951. (1127)

Symbiose der Tiere mit pflanzlichen Mikroorganismen von *P. Buchner.* 2., verbesserte und vermehrte Auflage. 130 Seiten, 121 Abbildungen. 1949. (1128)

Grundriß der Allgemeinen Mikrobiologie von *W.* u. *A. Schwartz.* 2 Bände. 2., verbesserte und ergänzte Auflage.
I: 147 Seiten, 25 Abbildungen. 1960. (1155)
II: 142 Seiten, 29 Abbildungen. 1961. (1157)

Botanik

Entwicklungsgeschichte des Pflanzenreiches von *H. Heil.* 2. Auflage. 138 Seiten, 94 Abbildungen, 1 Tabelle. 1950. (1137)

Morphologie der Pflanzen von *L. Geitler.*, 3., umgearbeitete Auflage. 126 Seiten, 114 Abbildungen. 1953. (141)

Pflanzengeographie von *L. Diels †.* 5., völlig neubearbeitete Auflage von *F. Mattick.* 195 Seiten, 2 Karten. 1958. (389/389 a)

Die Laubhölzer. Kurzgefaßte Beschreibung der in Mitteleuropa gedeihenden Laubbäume und Sträucher von *F. W. Neger †* und *E. Münch †.* 3., durchgesehene Auflage, herausgegeben von *B. Huber.* 143 Seiten, 63 Figuren, 7 Tabellen. 1950. (718)

Die Nadelhölzer (Koniferen) und übrigen Gymnospermen von *F. W. Neger †* und *E. Münch †.* 4. Auflage, durchgesehen und ergänzt von *B. Huber.* 140 Seiten, 75 Figuren, 4 Tabellen, 3 Karten. 1952. (355)

Pflanzenzüchtung von *H. Kuckuck.* 2 Bände.

I: Grundzüge der Pflanzenzüchtung. 3., völlig umgearbeitete und erweiterte Auflage. 132 Seiten, 22 Abbildungen. 1952. (1134)

II: Spezielle gartenbauliche Pflanzenzüchtung (Züchtung von Gemüse, Obst und Blumen). 178 Seiten, 27 Abbildungen. 1957. (1178/1178 a)

Zoologie

Entwicklungsphysiologie der Tiere von *F. Seidel.* 2 Bände.

I: Ei und Furchung. 126 Seiten, 29 Abbildungen. 1953. (1162)

II: Körpergrundgestalt und Organbildung. 159 Seiten, 42 Abbildungen. 1953. (1163)

Das Tierreich

I: Einzeller, Protozoen von *E. Reichenow.* 115 Seiten. 59 Abbildungen. 1956. (444)

II: Schwämme und Hohltiere von *H. J. Hannemann.* 95 Seiten, 80 Abbildungen. 1956. (442)

III: Würmer. Platt-, Hohl-, Schnurwürmer, Kamptozoen, Ringelwürmer, Protracheaten, Bärtierchen, Zungenwürmer von *S. Jaeckel.* 114 Seiten, 36 Abbildungen. 1955. (439)

IV, 1: Krebse von *H. E. Gruner* und *K. Deckert.* 114 Seiten, 43 Abbildungen. 1956. (443)

IV, 2: Spinnentiere (Trilobitomorphen, Fühlerlose) und Tausendfüßler von *A. Kaestner.* 96 Seiten, 55 Abbildungen. 1955. (1161)

IV, 3: Insekten von *H. von Lengerken.* 128 Seiten, 58 Abbildungen. 1953. (594)

V: Weichtiere. Urmollusken, Schnecken, Muscheln und Kopffüßer von *S. Jaeckel.* 92 Seiten. 34 Figuren. 1954. (440)

VI: Stachelhäuter. Tentakulaten, Binnenatmer und Pfeilwürmer von *S. Jaeckel.* 100 Seiten, 46 Abbildungen. 1955. (441)

VII, 1: Manteltiere, Schädellose, Rundmäuler von *Th. Haltenorth.* In Vorbereitung. (448)

VII, 2: Fische von *D. Lüdemann*. 130 Seiten, 65 Abbildungen. 1955. (356)
VII, 3: Lurche (Chordatiere) von *K. Herter*. 143 Seiten, 129 Abbildungen. 1955. (847)
VII, 4: Kriechtiere (Chordatiere) von *K. Herter*. 200 Seiten, 42 Abbildungen. 1960. (447/447a)
VII, 5: Vögel (Chordatiere) von *H.-A. Freye*. 156 Seiten, 69 Figuren. 1960. (869)
VII, 6: Säugetiere (Chordatiere) von *Th. Haltenorth*. In Vorbereitung. (282)

Land- und Forstwirtschaft

Landwirtschaftliche Tierzucht. Die Züchtung und Haltung der landwirtschaftlichen Nutztiere von *H. Vogel*. 139 Seiten, 11 Abbildungen. 1952. (228)

Kulturtechnische Bodenverbesserungen von *O. Fauser*. 2 Bände. 5., verbesserte und vermehrte Auflage.
I: Allgemeines, Entwässerung. 127 Seiten, 49 Abbildungen. 1959. (691)
II: Bewässerung, Ödlandkultur, Flurbereinigung. 159 Seiten, 71 Abbildungen. 1961. (692)

Agrikulturchemie von *K. Scharrer*. 2 Bände.
I: Pflanzenernährung. 143 Seiten. 1953. (329)
II: Futtermittelkunde. 192 Seiten. 1956. (330/330a)

Geologie, Mineralogie, Kristallographie

Geologie von *F. Lotze*. 3., verbesserte Auflage. 178 Seiten, 80 Abbildungen. 1964. Im Druck. (13/13a)

Mineral- und Erzlagerstättenkunde von *H. Huttenlocher †*. 2 Bände. 2. Auflage. Neubearbeitet von *P. Ramdohr*.
I: 128 Seiten, 34 Abbildungen. In Vorbereitung. (1014)
II: 156 Seiten, 48 Abbildungen. In Vorbereitung. (1015/1015a)

Allgemeine Mineralogie. 11., erweiterte Auflage der „Mineralogie" von *R. Brauns†*, neubearbeitet von *K. F. Chudoba*. 152 Seiten, 143 Textfiguren, 1 Tafel, 3 Tabellen. 1963. (29/29a)

Spezielle Mineralogie. 11., erweiterte Auflage der „Mineralogie" von *R. Brauns †*, bearbeitet von *K. F. Chudoba*. 193 Seiten, 127 Textfiguren, 6 Tabellen. 1964. (31/31a)

Petrographie (Gesteinskunde) von *W. Bruhns †*. Neubearbeitet von *P. Ramdohr*. 5., erweiterte Auflage. 141 Seiten, 10 Figuren. 1960. (173)

Kristallographie von *W. Bruhns †*. 6. Auflage, neubearbeitet von *P. Ramdohr*. 109 Seiten, 164 Abbildungen. 1965. In Vorbereitung. (210)

Einführung in die Kristalloptik von *E. Buchwald*. 5., verbesserte Auflage. 128 Seiten, 117 Figuren. 1963. (619/619a)

Lötrohrprobierkunde. Mineraldiagnose mit Lötrohr und Tüpfelreaktion von *M. Henglein*. 4., durchgesehene und erweiterte Auflage. 108 Seiten, 12 Figuren. 1962. (483)

Technik

Graphische Darstellung in Wissenschaft und Technik von *M. Pirani.* 3., erweiterte Auflage bearbeitet von *J. Fischer* unter Benutzung der von *I. Runge* besorgten 2. Auflage. 216 Seiten, 104 Abbildungen. 1957. (728/728a)

Technische Tabellen und Formeln von *W. Müller.* 5., verbesserte und erweiterte Auflage von *E. Schulze.* 165 Seiten, 114 Abbildungen, 99 Tafeln. 1962. (579)

Einführung in die Arbeitswissenschaft von *H. H. Hilf.* 164 Seiten, 57 Abbildungen. 1964. (1212/1212a)

Grundlagen der Straßenverkehrstechnik. Theorie der Leistungsfähigkeit von *E. Engel.* 101 Seiten, 55 Abbildungen. 1962. (1198)

Elektrotechnik

Grundlagen der allgemeinen Elektrotechnik von *O. Mohr.* 2., durchgesehene Auflage. 260 Seiten, 136 Bilder, 14 Tafeln. 1961. (196/196a)

Die Gleichstrommaschine von *K. Humburg.* 2 Bände. 2., durchgesehene Auflage.
I: 102 Seiten, 59 Abbildungen. 1956. (257)
II: 101 Seiten, 38 Abbildungen. 1956. (881)

Die Synchronmaschine von *W. Putz.* 92 Seiten, 64 Bilder. 1962. (1146)

Induktionsmaschinen von *F. Unger.* 2., erweiterte Auflage. 142 Seiten, 49 Abbildungen. 1954. (1140)

Die komplexe Berechnung von Wechselstromschaltungen von *H. H. Meinke.* 3. Auflage. 180 Seiten, 120 Abbildungen. 1964. (1156/1156a)

Theoretische Grundlagen zur Berechnung der Schaltgeräte von *F. Kesselring.* 3. Auflage. 144 Seiten, 92 Abbildungen. 1950. (711)

Einführung in die Technik selbsttätiger Regelungen von *W. zur Megede.* 2., durchgesehene Auflage. 180 Seiten, 86 Abbildungen. 1961. (714/714a)

Elektromotorische Antriebe (Grundlagen für die Berechnung) von *A. Schwaiger.* 3., neubearbeitete Auflage. 96 Seiten, 34 Abbildungen. 1952. (827)

Überspannungen und Überspannungsschutz von *G. Frühauf.* Durchgesehener Neudruck. 122 Seiten, 98 Abbildungen. 1950. (1132)

Elektrische Höchstspannungs-Schaltanlagen. Für Freiluft und Innenanordnung von *G. Meiners* und *K.-H. Wiesenewsky.* 138 Seiten, 58 Abbildungen. 1964. (796/796a)

Transformatoren von *W. Schäfer.* 4., überarbeitete und ergänzte Auflage. 130 Seiten, 73 Abbildungen. 1962. (952)

Maschinenbau

Metallkunde von *H. Borchers.* 3 Bände.
I: Aufbau der Metalle und Legierungen. 6. Auflage. 120 Seiten, 90 Abbildungen, 2 Tabellen. 1964. (432)
II: Eigenschaften, Grundzüge der Form- und Zustandsgebung. 5., ergänzte und durchgesehene Auflage. 182 Seiten, 107 Abbildungen, 10 Tabellen. 1963. (433/433a)
III: Die metallkundlichen Untersuchungsmethoden von *E. Hanke.* In Vorbereitung. (434)

Die Werkstoffe des Maschinenbaues von *A. Thum †* und *C. M. v. Meysenbug.* 2 Bände.
I: Einführung in die Werkstoffprüfung. 2., neubearbeitete Auflage. 100 Seiten, 7 Tabellen, 56 Abbildungen. 1956. (476)
II: Die Konstruktionswerkstoffe. 132 Seiten, 40 Abbildungen. 1959. (936)

Dynamik von *W. Müller.* 2 Bände. 2., verbesserte Auflage.
I: Dynamik des Einzelkörpers. 128 Seiten, 48 Figuren. 1952. (902)
II: Systeme von starren Körpern. 102 Seiten, 41 Figuren. 1952. (903)

Technische Schwingungslehre von *L. Zipperer.* 2 Bände. 2., neubearbeitete Auflage.
I: Allgemeine Schwingungsgleichungen, einfache Schwinger. 120 Seiten, 101 Abbildungen. 1953. (953)
II: Torsionsschwingungen in Maschinenanlagen. 102 Seiten, 59 Abbildungen. 1955. (961/961 a)

Werkzeugmaschinen für Metallbearbeitung von *K. P. Matthes.* 2 Bände.
I: 100 Seiten, 27 Abbildungen, 11 Zahlentafeln, 1 Tafelanhang. 1954. (561)
II: Fertigungstechnische Grundlagen der neuzeitlichen Metallbearbeitung. 101 Seiten, 30 Abbildungen, 5 Tafeln. 1955. (562)

Das Maschinenzeichnen mit Einführung in das Konstruieren von *W. Tochtermann.* 2 Bände. 4. Auflage.
I: Das Maschinenzeichnen. 156 Seiten, 75 Tafeln. 1950. (589)
II: Ausgeführte Konstruktionsbeispiele. 130 Seiten, 58 Tafeln. 1950. (590)

Die Maschinenelemente von *E. A. vom Ende †.* 4., überarbeitete Auflage. 184 Seiten, 179 Figuren, 11 Tafeln. 1963. (3/3a)

Die Maschinen der Eisenhüttenwerke von *L. Engel.* 156 Seiten, 95 Abbildungen. 1957. (583/583a)

Walzwerke von *H. Sedlaczek †* unter Mitarbeit von *F. Fischer* und *M. Buch.* 232 Seiten, 157 Abbildungen. 1958. (580/580a)

Getriebelehre von *P. Grodzinski †.* 2 Bände. 3., neubearbeitete Auflage von *G. Lechner.*
I: Geometrische Grundlagen. 164 Seiten, 131 Figuren. 1960. (1061)
II: Angewandte Getriebelehre. In Vorbereitung. (1062)

Kinematik von *H. R. Müller.* 171 Seiten, 75 Figuren. 1963. (584/584a)

Gießereitechnik von *H. Jungbluth*. 2 Bände.
I: Eisengießerei. 126 Seiten, 44 Abbildungen. 1951. (1159)

Die Dampfkessel einschließlich Feuerungen und Hilfseinrichtungen. Physikalische und chemische Grundlagen, Berechnung und Konstruktion, Vorschriften und Beispiele von *W. Marcard*. 3., neubearbeitete Auflage von *G. Beyer*. 2 Bände.
I: Physikalische und chemische Grundlagen, Wärmelehre, Wärmeübertragung, Verbrennung. 133 Seiten, 35 Bilder, 26 Tabellen. 1964. (9/9a)

Die Dampfturbinen. Ihre Wirkungsweise, Berechnung und Konstruktion von *C. Zietemann*. 3 Bände.
I: Theorie der Dampfturbinen. 4. Auflage. 139 Seiten, 48 Abbildungen. 1964. In Vorbereitung. (274)
II: Die Berechnung der Dampfturbinen und die Konstruktion der Einzelteile. 4., verbesserte Auflage. 132 Seiten, 111 Abbildungen. 1964. In Vorbereitung. (715)
III: Die Regelung der Dampfturbinen, die Bauarten, Turbinen für Sonderzwecke, Kondensationsanlagen. 3., verbesserte Auflage. 126 Seiten, 90 Abbildungen. 1956. (716)

Verbrennungsmotoren von *W. Endres*. 3 Bände.
I: Überblick. Motor-Brennstoffe. Verbrennung im Motor allgemein, im Otto- und Diesel-Motor. 153 Seiten, 57 Abbildungen. 1958. (1076/1076a)
II: Die heutigen Typen der Verbrennungskraftmaschine. In Vorbereitung. (1184)
III: Die Einzelteile des Verbrennungsmotors. In Vorbereitung. (1185)

Autogenes Schweißen und Schneiden von *H. Niese*. 5. Auflage, neubearbeitet von *A. Küchler*. 136 Seiten, 71 Figuren. 1953. (499)

Die elektrischen Schweißverfahren von *H. Niese*. 2. Auflage, neubearbeitet von *H. Dienst*. 136 Seiten, 58 Abbildungen. 1955. (1020)

Die Hebezeuge. Entwurf von Winden und Kranen von *G. Tafel*. 2., verbesserte Auflage. 176 Seiten, 230 Figuren. 1954. (414/414a)

Vermessungswesen

Vermessungskunde von *W. Großmann*. 3 Bände.
I: Stückvermessung und Nivellieren. 12., verbesserte Auflage. 144 Seiten, 117 Figuren. 1964. (468)
II: Horizontalaufnahmen und ebene Rechnungen. 9., verbesserte Auflage. 136 Seiten, 101 Figuren. 1963. (469)
III: Trigonometrische und barometrische Höhenmessung. Tachymetrie und Absteckungen. 8. Auflage. 136 Seiten, 97 Figuren. 1964. (862)

Kartographie von *V. Heissler*. 213 Seiten, 125 Abbildungen, 8 Anlagen. 1962. (30/30a)

Photogrammetrie von *G. Lehmann*. 189 Seiten, 132 Abbildungen. 1959. (1188/1188a)

Wasserbau

Wasserkraftanlagen von *A. Ludin* unter Mitarbeit von *W. Borkenstein.* 2 Bände.
I: Planung, Grundlagen und Grundzüge. 124 Seiten, 60 Abbildungen. 1955. (665)
II: Anordnung und Ausbildung der Hauptbauwerke. 184 Seiten, 91 Abbildungen. 1958. (666/666a)

Verkehrswasserbau von *H. Dehnert.* 3 Bände.
I: Entwurfsgrundlagen, Flußregelungen. 103 Seiten, 53 Abbildungen. 1950. (585)
II: Flußkanalisierung und Schiffahrtskanäle. 94 Seiten, 60 Abbildungen. 1950. (597)
III: Schleusen und Hebewerke. 98 Seiten, 70 Abbildungen. 1950. (1152)

Wehr- und Stauanlagen von *H. Dehnert.* 134 Seiten, 90 Abbildungen. 1952. (965)

Talsperren von *F. Tölke.* 122 Seiten, 70 Abbildungen. 1953. (1044)

Hoch- und Tiefbau

Die wichtigsten Baustoffe des Hoch- und Tiefbaus von *O. Graf †.* 4., verbesserte Auflage. 131 Seiten, 63 Abbildungen. 1953. (984)

Baustoffverarbeitung und Baustellenprüfung des Betons von *A. Kleinlogel.* 2., neubearbeitete und erweiterte Auflage. 126 Seiten, 35 Abbildungen. 1951. (978)

Festigkeitslehre. 2 Bände.
I: Elastizität, Plastizität und Festigkeit der Baustoffe und Bauteile von *W. Gehler †* und *W. Herberg.* Durchgesehener und erweiterter Neudruck. 159 Seiten, 118 Abbildungen. 1952. (1144)
II: Formänderung, Platten, Stabilität und Bruchhypothesen von *W. Herberg* und *N. Dimitrov.* 187 Seiten, 94 Abbildungen. 1955. (1145/1145a)

Grundlagen des Stahlbetonbaus von *A. Troche.* 2., neubearbeitete und erweiterte Auflage. 208 Seiten, 75 Abbildungen, 17 Bemessungstafeln, 20 Rechenbeispiele. 1953. (1078)

Statik der Baukonstruktionen von *A. Teichmann.* 3 Bände.
I: Grundlagen. 101 Seiten, 51 Abbildungen, 8 Formeltafeln. 1956. (119)
II: Statisch bestimmte Stabwerke. 107 Seiten, 52 Abbildungen, 7 Tafeln. 1957. (120)
III: Statisch unbestimmte Systeme. 112 Seiten, 34 Abbildungen, 7 Formeltafeln. 1958. (122)

Fenster, Türen, Tore aus Holz und Metall. Eine Anleitung zu ihrer guten Gestaltung, wirtschaftlichen Bemessung und handwerksgerechten Konstruktion von *W. Wickop †*. 4., überarbeitete und ergänzte Auflage. 155 Seiten, 95 Abbildungen. 1955. (1092)

Heizung und Lüftung von *W. Körting*. 2 Bände. 9., neubearbeitete Auflage.
I: Das Wesen und die Berechnung der Heizungs- und Lüftungsanlagen. 171 Seiten, 29 Abbildungen, 36 Zahlentafeln. 1962. (342/342a)
II: Die Ausführung der Heizungs- und Lüftungsanlagen. 1964. In Vorbereitung. (343)

Industrielle Kraft- und Wärmewirtschaft von *F. A. F. Schmidt* und *A. Beckers*. 167 Seiten, 73 Abbildungen. 1957. (318/318a)

Sammlung Göschen / Bandnummernfolge

1 Langosch, Der Nibelunge Nôt
3/3a v. Ende, Maschinenelemente
9/9a Marcard-Beyer, Dampfkessel I
10 Jiriczek-Wisniewski, Kudrun und Dietrich-Epen
13/13a Lotze, Geologie
18 Maurer, Hartmann von Aue. Der arme Heinrich
19 Altheim, Römische Geschichte I
20 Hofstaetter, Dt. Sprachlehre
22 Maurer, Gottfried von Strassburg
29/29a Brauns-Chudoba, Allgemeine Mineralogie
30/30a Heissler, Kartographie
31/31a Brauns-Chudoba, Spezielle Mineralogie
32 Schneider-Wisniewski, Deutsche Heldensage
35 Treue, Dt. Geschichte von 1648—1740
37/37a Klemm, Anorganische Chemie
38/38a Schlenk, Organische Chemie
39 Treue, Dt. Geschichte von 1713—1806
42 Behn-Hoernes, Vorgeschichte Europas
44 Kresze, Physikalische Methoden in der Organischen Chemie I
45/45a Kresze, Physikalische Methoden in der Organischen Chemie II
47 Fischer-Rohrbach, Arithmetik
51/51a Ringleb, Mathem. Formelsammlung
52 Bieler, Röm. Literaturgesch. I
59 Krahe, Indog. Sprachwiss. I
60 Biehle, Stimmkunde
61 Biele, Redetechnik
64 Krahe, Indog. Sprachwiss. II
65/65a Grotemeyer, Analyt. Geometrie
66 Berneker-Vasmer, Russische Grammatik
70 Nestle-Liebich, Gesch. d. griechischen Literatur I
71 Schulze, Allgemeine und physikalische Chemie I
76 Döring, Einf. i. d. th. Physik I
77 Döring, Einf. i. d. th. Physik II
78 Döring, Einf. i. d. th. Physik III
79/79a Hempel, Got. Elementarbuch
80 Weigert, Stilkunde I
81 Schubert-Haussner-Erlebach, Vierstell. Logarithmentafeln
86 Barner, Differential- u. Integralrechnung I
96 Hartmann, Einf. in die allgem. Biologie
99 Hessenberg-Kneser, Ebene und sphär. Trigonometrie
101 v. Wiese, Soziologie
103 Dahrendorf, Industrie- und Betriebssoziologie
104/104a Hofstätter, Sozialpsychologie
111 Hoffmann-Debrunner, Gesch. der griechischen Sprache I
114 Debrunner, Gesch. der griechischen Sprache II
117 Brandenstein, Griechische Sprachwissenschaft I
118/118a Brandenstein, Griechische Sprachwissenschaft II
119 Teichmann, Statik der Baukonstruktionen I
120 Teichmann, Statik der Baukonstruktionen II
122 Teichmann, Statik der Baukonstruktionen III

128/128a Lausberg, Romanische Sprachwissenschaft I
136 Mahler-Graewe, Physikal. Formelsammlung
141 Geitler, Morphologie der Pflanzen
142 Haack, Darst. Geometrie I
143 Haack, Darst. Geometrie II
144 Haack, Darst. Geometrie III
145 Weimer, Gesch. der Pädagogik
148 Kolms, Finanzwissenschaft I
156/156a Landmann, Philosophische Anthropologie
170 Oehlmann, Musik des 19. Jhs.
171/171a Oehlmann, Musik des 20. Jhs.
173 Bruhns-Ramdohr, Petrographie
174 Schlingloff, Religion des Buddhismus I
180 Böhm, Versicherungsmathematik I
184 Blümcke, Textilindustrie I
196/196a Mohr, Grundlagen der allgem. Elektrotechnik
200/200a Gottschald, Dt. Rechtschreibungswörterbuch
210 Bruhns-Ramdohr, Kristallographie
220/220a Moser, Allg. Musiklehre
221/221a Jander-Jahr-Knoll, Maßanalyse
222 Hassak-Beutel-Kutzelnigg, Warenkunde I
223 Hassak-Beutel-Kutzelnigg, Warenkunde II
226/226a Hofmann, Gesch. der Mathematik I
228 Vogel, Landw. Tierzucht
231/231a Ehrlich, Gesch. Israels
238 Krahe, Germ. Sprachwiss. I
243 Mahler-Graewe, Physikal. Aufgabensammlung
247/247a Hofmann-Jander, Qualitative Analyse
250 Lausberg, Romanische Sprachwissenschaft II
252 Vetter, Elektrochemie I
253 Vetter, Elektrochemie II
257 Humburg, Gleichstrommaschine I
264 Lockemann, Gesch. der Chemie I
265/265a Lockemann, Geschichte der Chemie II
270 Kirn, Einführung in die Geschichtswissenschaft
274 Zietemann, Dampfturbinen I
279 Jacob-Hohenleutner, Quellenkunde der deutschen Geschichte I
280 Jacob-Hohenleutner, Quellenkunde der deutschen Geschichte II
281 Leisegang, Einführung in die Philosophie
282 Haltenorth, Säugetiere
284 Jacob-Weden, Quellenkunde der deutschen Geschichte III
318/318a Schmidt-Beckers, Industrielle Kraft- u. Wärmewirtschaft
319 Krug, Australien und Ozeanien
329 Scharrer, Agrikulturchemie I
330/330a Scharrer, Agrikulturchemie II
335 Klug, Fette und Öle
336 Braun-Klug, Seifenfabrikation
342/342a Körting, Heizung und Lüftung I
343 Körting, Heizung und Lüftung II
344 Moser, Musikästhetik
354/354a Valentiner-König, Vektoren und Matrizen
355 Neger-Münch-Huber, Nadelhölzer
356 Lüdemann, Fische
374 Döring, Einführung in die theoret. Physik IV
375 Preller, Geschichte Englands I
389/389a Diels-Mattick, Pflanzengeographie
391 Kolms, Finanzwissenschaft II
394/394a Schilling, Von der Renaissance bis Kant
414/414a Tafel, Hebezeuge
422 Gottschald, Dt. Personennamen
423 Adler-Erlebach, Fünfstellige Logarithmen
432 Borchers, Metallkunde I
433/433a Borchers, Metallkunde II

434 Borchers-Hanke, Metallkunde III
435 Burau, Algebr. Kurven u. Flächen I
436/436a Burau, Algebr. Kurven und Flächen II
439 Jaeckel, Würmer
440 Jaeckel, Weichtiere
441 Jaeckel, Stachelhäuter
442 Hannemann, Schwämme und Hohltiere
443 Gruner-Deckert, Krebse
444 Reichenow, Einzeller
445 Asmus, Physikal.-chem. Rechenaufgaben
447/447a Herter, Kriechtiere
448 Haltenorth, Manteltiere
452 Bahrdt-Scheer, Stöchiometrische Aufgabensammlung
468 Großmann, Vermessungskunde I
469 Großmann, Vermessungskunde II
476 Thum-Meysenbug, Die Werkstoffe des Maschinenbaues I
483 Henglein, Lötrohrprobierkunde
492 Stolz-Debrunner, Geschichte der lateinischen Sprache
499 Niese-Küchler, Autogenes Schweißen
500 Simmel, Hauptprobleme der Philosophie
536 Lehmann, Kant
538 Rumpf, Archäologie I
539 Rumpf, Archäologie II
540 Rumpf, Archäologie III
557 Nestle-Liebich, Gesch. der griech. Literatur II
561 Matthes, Werkzeugmaschinen I
562 Matthes, Werkzeugmaschinen II
564 Behn-Hoernes, Kultur der Urzeit I
565 Behn-Hoernes, Kultur der Urzeit II
566 Behn-Hoernes, Kultur der Urzeit III
571 Lehmann, Philosophie des 19. Jahrhunderts I
576/576a Moser, Gesangskunst
579 Müller-Schulze, Techn. Tabellen
580/580a Sedlaczek-Fischer-Buch, Walzwerke
583/583a Engel, Maschinen der Eisenhüttenwerke
584/584a Müller, Kinematik
585 Dehnert, Verkehrswasserbau I
587 Kalitsunakis-Steinmetz, Neugriech.-dt. Gesprächsbuch
589 Tochtermann, Maschinenzeichnen I
590 Tochtermann, Maschinenzeichnen II
594 v. Lengerken, Insekten
597 Dehnert, Verkehrswasserbau II
601 Mutschmann-Scherer, Engl. Phonetik
619/619a Buchwald, Kristalloptik
665 Ludin-Borkenstein, Wasserkraftanlagen I
666/666a Ludin-Borkenstein, Wasserkraftanlagen II
668 Knopp, Funktionentheorie I
677 Altheim, Röm. Geschichte II
679 Altheim, Röm. Geschichte III
684 Altheim, Röm. Geschichte IV
691 Fauser, Kulturtechn. Bodenverbesserungen I
692 Fauser, Kulturtechn. Bodenverbesserungen II
698/698a Schulze, Allgemeine u. physikalische Chemie II
703 Knopp, Funktionentheorie II
709 Lehmann, Philosophie des 19. Jahrhunderts II
711 Kesselring, Berechnung der Schaltgeräte
714/714a zur Megede, Technik selbsttätiger Regelungen
715 Zietemann, Dampfturbinen II
716 Zietemann, Dampfturbinen III
718 Neger-Münch-Huber, Laubhölzer
728/728a Pirani-Fischer-Runge, Graph. Darstellung in Wissenschaft u. Technik
735 Ekwall, Historische neuengl. Laut- und Formenlehre

746/746a Pfanzagl, Allg. Methodenlehre der Statistik I
747/747a Pfanzagl, Allg. Methodenlehre der Statistik II
756/756a Kalitsunakis, Gramm. d. Neugriech. Volksspr.
763/763a Beer-Meyer, Hebräische Grammatik I
764/764a Beer-Meyer, Hebräische Grammatik II
768/768a Bieberbach, Einführung in die konforme Abbildung
769/769a Beer-Meyer, Hebräisches Textbuch
770 Schlingloff, Religion des Buddhismus II
776 Kolms, Finanzwissensch. III
780 Krahe, Germ. Sprachwiss. II
781 Weigert, Stilkunde II
782 Kolms, Finanzwissensch. IV
786 Schulze, Molekülbau
796/796a Meiners-Wiesenewsky, Elektr. Höchstspannungs-Schaltanlagen
807 Kropp, Erkenntnistheorie
809 Moser, Harmonielehre I
810 Moser, Harmonielehre II
826 Koch, Philosophie d. Mittelalters
827 Schwaiger, Elektromotorische Antriebe
831 Erismann, Allg. Psychologie I
832/382a Erismann, Allg. Psychologie II
833 Erismann, Allg. Psychologie III
834/834a Erismann, Allg. Psychologie IV
837/837a Baumgartner, Gruppentheorie
845 Lehmann, Philosophie im ersten Drittel des 20. Jhs. I
847 Herter, Lurche
850 Lehmann, Philosophie im ersten Drittel des 20. Jhs. II
851/851a Moede, Psychologie des Berufs- und Wirtschaftslebens
857 Capelle, Griech. Philosophie I
858 Capelle, Griech. Philos. II
859 Capelle, Griech. Philos. III
862 Großmann, Vermessungskunde III
863 Capelle, Griech. Philos. IV
866 Bieler, Röm. Literaturgeschichte II
869 Freye, Vögel
875 Hofmann, Geschichte der Mathematik II
877 Knopp, Aufgabensammlung zur Funktionentheorie I
878 Knopp, Aufgabensammlung zur Funktionentheorie II
881 Humburg, Gleichstrommaschine II
882 Hofmann, Geschichte der Mathematik III
883 Stuloff, Mathematik der neuesten Zeit
893 Treue, Dt. Geschichte von 1806—1890
894 Treue, Dt. Geschichte von 1890 bis zur Gegenwart
902 Müller, Dynamik I
903 Müller, Dynamik II
910 Jaeger, Afrika I
911 Jaeger, Afrika II
915 Sperber-Fleischhauer, Gesch. der Deutschen Sprache
917/917a Böhm, Versicherungsmathematik II
920 Hoheisel, Gewöhnliche Differentialgleichungen
921 Jantzen-Kolb, W. v. Eschenbach. Parzival
924 Brandenstein, Griechische Sprachwissenschaft III
929 Schirmer-Mitzka, Dt. Wortkunde
930 Krull, Elementare und klassische Algebra I
931 Hasse, Höhere Algebra I
932 Hasse, Höhere Algebra II
933 Krull, Elementare und klassische Algebra II
936 Thum-Meysenbug, Werkstoffe d. Maschinenbaues II
952 Schäfer, Transformatoren
953 Zipperer, Techn. Schwingungslehre I
961/961a Zipperer, Techn. Schwingungslehre II
965 Dehnert, Wehr- und Stauanlagen

970/970a Baldus-Löbell, Nichteuklidische Geometrie
978 Kleinlogel, Baustoffverarbeitung und Baustellenprüfung d. Betons
984 Graf, Baustoffe des Hoch- und Tiefbaues
999/999a Kamke, Mengenlehre
1000 Jaspers, Geistige Situat. der Zeit
1003 Hoheisel, Partielle Differentialgleichung
1008/1008a Mellerowicz, Allgem. Betriebswirtschaftslehre I
1009 Bechert-Gerthsen-Flammersfeld, Atomphysik I
1014 Huttenlocher, Mineral- und Erzlagerstättenkunde I
1015/1015a Huttenlocher, Mineral- u. Erzlagerstättenkunde II
1017 Döring, Einführung in die theoret. Physik V
1020 Niese-Dienst, Elektrische Schweißverfahren
1031/1031a Apel-Ludz, Philosophisches Wörterbuch
1033 Bechert-Gerthsen-Flammersfeld Atomphysik II
1034 Kranefeldt-Jung, Therapeutische Psychologie
1035 Altheim, Röm. Religionsgeschichte I
1039 Dovifat, Zeitungslehre I
1040 Dovifat, Zeitungslehre II
1044 Tölke, Talsperren
1045 Schubert, Technik des Klavierspiels
1051/1051a Stolberg-Wernigerode, Gesch. d. Vereinigten Staaten
1052 Altheim, Röm. Religionsgeschichte II
1057 Roth, Thermochemie
1059/1059a Hoheisel, Aufgabenslg. z. d. gew. u. part. Differentialgleichungen
1061 Grodzinski-Lechner, Getriebelehre I
1062 Grodzinski-Lechner, Getriebelehre II
1065 Haller-Dannenbauer, Von d. Karolingern zu den Staufern
1070 Sauter, Differentialgleichungen der Physik
1074 Koschmieder, Variationsrechnung I
1075 Koschmieder, Variationsrechnung II
1076/1076a Endres, Verbrennungsmotoren I
1077 Haller-Dannenbauer, Von den Staufern zu den Habsburgern
1078 Troche, Stahlbetonbau
1082 Hasse-Klobe, Aufgabensammlung zur höheren Algebra
1085 Lietzmann-Aland, Zeitrechnung
1086 Müller, Dt. Dichten und Denken
1088 Preller, Gesch. Englands II
1092 Wickop, Fenster, Türen, Tore
1094 Hernried, System. Modulation
1096 Viëtor, Dt. Dichten und Denken
1099 Hoheisel, Integralgleichungen
1105 Hartung, Dt. Geschichte im Zeitalter der Reformation
1108 de Boor-Wisniewski, Mittelhochdeutsche Grammatik
1109 Knopp, Elemente der Funktionentheorie
1111/1111a Naumann-Betz, Althochdt. Elementarbuch
1113/1113a Strubecker, Differentialgeometrie I
1114 Schubel, Engl. Literaturgeschichte I
1115 Ranke, Altnord. Elementarbuch
1116 Schubel, Engl. Literaturgeschichte II
1117 Haller-Dannenbauer, Eintritt der Germanen in die Geschichte
1121 Naumann, Dt. Dichten u. Denken
1122 Feist, Sprechen und Sprachpflege

1123/1123a Bechert-Gerthsen-Flammersfeld, Atomphysik III
1124 Schubel, Engl. Literaturgeschichte III
1125 Lehnert, Altengl. Elementarbuch
1127 Hartmann, Geschlecht u. Geschlechtsbestimmung im Tier- und Pflanzenreich
1128 Buchner, Symbiose der Tiere
1130 Dibelius-Kümmel, Jesus
1131 Scholz-Schoeneberg, Einführung in die Zahlentheorie
1132 Frühauf, Überspannungen
1134 Kuckuck, Pflanzenzüchtung I
1135 Lehnert, Beowulf
1137 Heil, Entwicklungsgesch. d. Pflanzenreiches
1138 Hämmerling, Fortpflanzung im Tier- und Pflanzenreich
1140 Unger, Induktionsmaschine
1141 Koller, Hormone
1142 Meissner-Lehnert, Shakespeare
1144 Gehler-Herberg, Festigkeitslehre I
1145/1145a Herberg-Dimitrov, Festigkeitslehre II
1146 Putz, Synchronmaschine
1147 v. Waltershausen, Kunst d. Dirigierens
1148 Pepping, Der polyphone Satz I
1152 Dehnert, Verkehrswasserbau III
1153/1153a Mellerowicz, Allgem. Betriebswirtschaftslehre II
1154/1154a Mellerowicz, Allgem. Betriebswirtschaftslehre III
1155 Schwartz, Mikrobiologie I
1156/1156a Meinke, Komplexe Berechnungen v. Wechselstromschaltungen
1157 Schwartz, Mikrobiologie II
1158 Mayrhofer, Sanskrit-Grammatik
1159 Jungbluth, Gießereitechnik I
1160 Dibelius-Kümmel, Paulus
1161 Kaestner, Spinnentiere
1162 Seidel, Entwicklungsphysiologie der Tiere I
1163 Seidel, Entwicklungsphysiologie der Tiere II
1164/1164a Pepping, Der polyphone Satz II
1165/1165a Bechert-Gerthsen-Flammersfeld, Atomphysik IV
1169 Paulsen, Allgemeine Volkswirtschaftslehre I
1170 Paulsen, Allgemeine Volkswirtschaftslehre II
1171 Paulsen, Allgemeine Volkswirtschaftslehre III
1172 Paulsen, Allgemeine Volkswirtschaftslehre IV
1173 Hamann-Funke-Hermann, Chemie der Kunststoffe
1176/1176a Lorenzen, Form. Logik
1178/1178a Kuckuck, Pflanzenzüchtung II
1179/1179a Strubecker, Differentialgeometrie II
1180/1180a Strubecker, Differentialgeometrie III
1181 Franz, Topologie I
1182/1182a Franz, Topologie II
1183/1183a Nicolas, Finanzmathematik
1184 Endres, Verbrennungsmotoren II
1185 Endres, Verbrennungsmotoren III
1186/1186a Mellerowicz, Allgem. Betriebswirtschaftslehre IV
1187 Lau, Luther
1188/1188a Lehmann, Photogrammetrie
1189/1189a Päsler, Mechanik
1190 Stupperich, Melanchthon
1191/1191a Bräuer, Slav. Sprachwissenschaft I
1193 Fürstenberg, Wirtschaftssoziologie
1194 Wendt, Gesch. d. Volkswirtschaftslehre
1195 Ohm, Allgem. Volkswirtschaftspolitik I
1196 Ohm, Allgem. Volkswirtschaftspolitik
1197/1197a Onasch, Einf. in die Konfessionskunde der orthodoxen Kirchen

1198 Engel, Straßenverkehrstechnik
1199 Lausberg, Romanische Sprachwissenschaft III, 1. Teil
1200/1200a Lausberg, Romanische Sprachwissenschaft III, 2. Teil
1201/1201a Dehn, Versuche zur allgem. u. phys. Chemie
1202/1202a Nagel, Gesch. des christl. Gottesdienstes
1203 Wendland, Sozialethik
1204 Scheurig, Zeitgeschichte
1205/1205a Hofmann, Ideengeschichte d. soz. Bewegung
1206/1206a Langen, Lineare Programmierung
1208 Lausberg, Romanische Sprachwissenschaft IV
1209/1209a Bock, Therm. Verfahrenstechnik I
1210/1210a Bock Therm. Verfahrenstechnik II
1211/1211a Bock, Therm. Verfahrenstechnik III
1212/1212a Hilf, Arbeitswissenschaft
1213/1213a Kosiol, Buchhaltung und Bilanz
1216/1216a Bauer, Wahrscheinlichkeitstheorie I
1217 Bauer, Wahrscheinlichkeitstheorie II
1219 Schmidt-Clausing, Zwingli

Autorenregister

Printed in Germany 150/VIII/64

FSC
www.fsc.org
MIX
Papier | Fördert gute Waldnutzung
FSC® C083411

Kolibri 360 GmbH
Ferdinand-Jühlke-Straße 7
99095 Erfurt, Deutschland
produktsicherheit@kolibri360.de